新装版 寂聴 般若心経

生きるとは

瀬戸内寂聴

中央公論新社

仏縁のあかしに

あまりにポピュラーな般若心経を、日本人なら、生きてゆく途上のどこかで耳にしている。空気の呼吸のように聞える蟬時雨や、虫の声を、私たちは、当然、そこに聞えるものとして聞き流している。それらがいつもの蟬の声や虫の声とちがって、ふと心にしみいるように聞えたり、いったい幾匹、幾種類の虫の声だろうと、耳を澄ましてみたくなる時がある。そういう時は、自分の心に、蟬や虫の鳴声を受けいれる心のゆとりや、感傷がある時であろう。

般若心経も、何気なく聞き流していたものが、あるいは習慣として口に唱えていたものが、ふと、その意味について識りたいと思い、一語一語の語りかける真意を理解したいと思う時がある。

その時が、自分と般若心経との縁がしっかりと結ばれた時である。論語読みの論語知らずのように、お経を読んでいる僧のすべてが、お経の意味を正確に識っているとはいえない。持経、読経、写経、共に功徳があると教えられたことを、信じて、意味もわからず、私たちはお経を持ち、読み、写すことが多い。

私は五十代に入って出家した僧で、その時は、般若心経ひとつしかお経は知らなかった。子供の時から、何となく覚えていた般若心経ひとつに頼って、私は出家したようなものである。その意味を識りたいと思い、自分流にいろいろ勉強してみたが、果して正しく理解しているのかどうかわからなかった。

自分のお寺の寂庵に、修行道場のサガノ・サンガをつくり、そこで毎月十八日、集ってくれる人たちに法話をつづけてきた。その中で般若心経をとりあげた。昭和六十二年一月から十二月までに、みんなに話したことをここにまとめてみた。何とかわかり易く聞いてもらいたいと念じて話すため、重複が多いが、あえてそのままにした。聞いてくれた人たちは、とてもわかり易いと言ってくれ、熱心に聞きに通いつづけてくれた。その反応に励まされ、私はますます心経を嚙み砕き、消化し易くして話した。

終りにつけた「『般若心経』について」は、たまたまその頃から発行しはじめた寂庵の月刊新聞「寂庵だより」に、般若心経についての法話の内容をまとめてのせたものである。

この本で、ひとりでも多くの人々が般若心経になじんでくださることを願っている。

この本を手にとって下さった時、仏縁が生じたと信じていただけると有難い。

目次

般若心経法話

新装版

寂聴　般若心経

生きるとは

開経偈《かいきょうげ》

無上甚深微妙法《むじょうじんじんみみょうほう》
百千万劫難遭遇《ひゃくせんまんごうなんそうぐう》
我今見聞得受持《がこんけんもんとくじゅじ》
願解如来真実義《がんげにょらいしんじつぎ》

無上甚深微妙《むじょうじんじんみみょう》の法《ほう》は
百千万劫《ひゃくせんまんごう》にも遭遇《あいあう》こと難《かた》し
我今見聞《われいまけんもん》し受持《じゅじ》することを得《え》たり
願《ねが》わくば如来《にょらい》の真実義《しんじつぎ》を解《げ》したてまつらん

摩訶般若波羅蜜多心経《まかはんにゃはらみったしんぎょう》

観自在菩薩《かんじざいぼさつ》　行深般若波羅蜜多時《ぎょうじんはんにゃはらみったじ》　照見五蘊皆空《しょうけんごうんかいくう》　度一切苦厄《どいっさいくやく》　舎利子《しゃりし》　色不《しきふ》
異空《いくう》　空不異色《くうふいしき》　色即是空《しきそくぜくう》　空即是色《くうそくぜしき》　受想行識《じゅそうぎょうしき》　亦復如是《やくぶにょぜ》　舎利子《しゃりし》　是諸法《ぜしょほう》
空相《くうそう》　不生不滅《ふしょうふめつ》　不垢不浄《ふくふじょう》　不増不減《ふぞうふげん》　是故空中無色《ぜこくうちゅうむしき》　無受想行識《むじゅそうぎょうしき》　無眼耳鼻《むげんにび》
舌身意《ぜっしんい》　無色声香味触法《むしきしょうこうみそくほう》　無眼界乃至無意識界《むげんかいないしむいしきかい》　無無明《むむみょう》　亦無無明尽《やくむむみょうじん》　乃至無《ないしむ》
老死《ろうし》　亦無老死尽《やくむろうしじん》　無苦集滅道《むくしゅうめつどう》　無智亦無得《むちやくむとく》　以無所得故《いむしょとくこ》　菩提薩埵《ぼだいさった》　依般若《えはんにゃ》

波羅蜜多故《はらみったこ》　心無罣礙《しんむけいげ》　無罣礙故《むけいげこ》　無有恐怖《むうくふ》　遠離一切顛倒夢想《おんりいっさいてんどうむそう》　究竟涅槃《くきょうねはん》

三世諸仏《さんぜしょぶつ》　依般若波羅蜜多故《えはんにゃはらみったこ》　得阿耨多羅三藐三菩提《とくあのくたらさんみゃくさんぼだい》　故知般若波羅蜜多《こちはんにゃはらみった》　是《ぜ》

大神呪《だいじんしゅ》　是大明呪《ぜだいみょうしゅ》　是無上呪《ぜむじょうしゅ》　是無等等呪《ぜむとうどうしゅ》　能除一切苦《のうじょいっさいく》　真実不虚《しんじつふこ》　故説般若《こせつはんにゃ》

波羅蜜多呪《はらみったしゅ》　即説呪曰《そくせつしゅわつ》

掲諦掲諦《ぎゃていぎゃてい》　波羅掲諦《はらぎゃてい》　波羅僧掲諦《はらそうぎゃてい》　菩提薩婆訶《ぼじそわか》

般若心経《はんにゃしんぎょう》

法華成仏偈《ほっけじょうぶつげ》

願以此功徳《がんにしくどく》　願《ねが》わくば此《こ》の功徳《くどく》を以《も》って

普及於一切《ふきゅうをいっさい》　普《あまね》く一切《いっさい》に及《およ》ぼし

我等与衆生《がとうよしゅじょう》　我等《われら》と衆生《しゅじょう》と

皆共成仏道《かいぐじょうぶつどう》　皆共《みなとも》に仏道《ぶつどう》を成《じょう》ぜんことを

般若心経法話

一　仏教とは——お釈迦さまの教え

これから『般若心経』について、学んでいくわけですが、まず始めに仏教とはどういうものか、その概略をお話ししてみたいと思います。これが分からなければ、いくらお経だけを覚えてもしかたがありませんね。

仏教はご存じのように釈尊、つまりお釈迦さまの教えです。ではお釈迦さまって、いったいどういう人でしょうか。皆さん、まるで親戚のように、お釈迦さん、お釈迦さんと言っているのですから、ある程度は知っているはずですね。

今からおよそ二千五百年前、インドの北方、今のネパールの西の方に、サーキヤ族——釈迦族という勇猛果敢な種族が住んでいました。サーキヤ国という国をつくり、カピラヴアットウという首都には美しい公会堂があり、自由で進歩的な制度のもとに平和に国をおさめていました。その国の王スッドーダナ、中国語に訳すと浄飯王《じょうぼんおう》と、后のマーヤー（摩耶《まや》）の間に生まれたのがゴータマ・ブッダ――お釈迦さまです。もちろん、王と后がセックスをしたから生まれました。

キリスト教では、マリアが処女受胎でセックスなんかしないでキリストが生まれたことになっていますが、お釈迦さまはそうじゃない。夫婦が愛しあって生まれたんです。だから、お釈迦さまというのは、われわれと同じ人間、骨があって、内臓があって、身体がある。そして、ものも食べれば、トイレにも行く、そういうごくごく普通の人間です。

さて、日本でも昔は必ず自分のお里に帰って子供を産むという習慣がありましたが、インドもそうでした。けれども、スッドーダナはマーヤーをあまりに愛していたために、臨月が近づいても、なかなか后をお里へ帰さなかったのです。出産間際になって、やっとお許しが出て帰るわけですが、輿《こし》にゆられてといっても、なにしろ向こうはゾウの背に乗っていくのですから、途中でくたびれてしまって、藍毘尼園《らんびにおん》――ルンビニーという、とてもきれいな園で休みました。この園はマーヤーのお里の持物でした。

そこに、きれいな花――アショーカの花、日本では無憂華《むゆうげ》の花といいます――その花が咲いていたので、マーヤーが右手を伸ばして取ろうとしたら、その拍子に脇の下から赤ちゃんが飛び出したということになっています。

むろん、そんな非科学的なことはありえません。これは後世、お釈迦さまの伝記を書く人が、お釈迦さまのように偉い方がわれわれと同じように、あそこから生まれたんじゃ、ちょっと具合が悪いということで、このようにしたんですね。

しかも、その赤ちゃんは、生まれてすぐ歩きだしたといいます。前に七歩、後ろに七歩、右に七歩、左に七歩、上に七歩、下に七歩あるいて手をあげて「天上天下《てんじょうてんげ》唯我独尊《ゆいがどくそん》」と言ったといいます。上に七歩、下に七歩なんてどうやって歩くのかしら。天上天下唯我独尊とは、天にも地にも、ただ我一人尊い、と読めますね。これは解釈のしようがいろいろありますが、「世界中で尊いのは自分一人だ」と赤ちゃんが言った、そんなばかなことはないと思います。私はいろいろ考えた末、これは天上天下——世界中に、自分という命は、ただ一つだということを宣言したのだと考えました。世界にかけがえのない、ただ一つの命が、ここに今、誕生したのだと……。

そして、それはお釈迦さまの命が天上天下唯我独尊であると同時に、私の命も天上天下唯我独尊、あなたたちの命も天上天下唯我独尊だという意味です。したがって、みなさんは自分を粗末にしちゃいけないんです。みなさんは世界にただ一つのかけがえのない命を持って、この世に生まれてきたのですから。

また、お母さんの脇の下から生まれたというのは、一つはそれが難産だったことを示しているように思います。もしかしたら逆子だったのではないでしょうか。それで、マーヤーは、お産をしてすぐに死んでしまいました。今なら産褥熱でしょう。このご夫婦は非常に愛しあっていたのに、なかなか子供が生まれなかったので、この時、マーヤーはすでに三十を過ぎていたのです。昔のことですので、高齢出産で、やはり危険が大きかったのでしょう。

生まれて間もなく実母に死に別れたお釈迦さまは、お母さんの妹、叔母さんに育てられます。つまり、叔母さんがお父さんの後添いに入ったということ。あるいは当時は一夫多妻ですから、もともと姉妹で一人の王様の奥さんだったのかもしれません。幼名はシッダッタ（悉達）と呼ばれます。こうして非常に健康で聡明で、おまけにハンサムな青年に成長するのですが、しかも年を重ねるごとに、それがますます目立ってきます。もう、光源氏みたいになってきたわけですね。本来なら何も苦労はないはずなんですが、シッダッタは何かを見ては涙ぐんだり、考えこんだり、とてもメランコリックな性質でした。

お父さんのスッドーダナがこれを心配しまして、別荘をたくさんつくったり、侍女をいっぱい——顔のきれいなの、肉感的なの、音楽がうまいの、料理が上手なの、踊りが得意なのと、いろんな若い女をつけて、あれこれ太子の気を引き立てようとします。しかし、お釈迦さまはそういうことに、ちっとも心を動かされません。で、今度は奥さんをどんどんもらってあげるんです。いま言ったように一夫多妻ですから、はっきり分かっているだけでも奥さんは三人。ゴーピカー、ミガジャー、ヤソーダラーの三人の名が伝わっています。ということは、三十人いたと思っても間違いはないでしょう。

そのなかの一番若いヤソーダラーとの間に、結婚十年目にして、初めて赤ちゃんが生まれました。お釈迦さまが二十九歳の時のことです。赤ちゃんは男の子で、ラーフラと名付けられました。

ところが、それからすぐに、お釈迦さまは夜なかにこっそりと家出をしてしまうのです。ですからお釈迦さまは、蒸発亭主第一号なんですね（笑）。

現代の蒸発亭主の家出の原因は、たいてい事業に失敗してお金に困ったとか、サラ金を借りて首が回らなくなったとか、女が出来たとかいう理由です。お釈迦さまの蒸発の理由はちがいます。お釈迦さまは、人間はなぜ生まれたのか、この世はなぜ苦しいのか、人は死ねばどうなるのか、というような問題を真剣に考え、それを解決しようとして家を出たのです。個人的な悩みでなく、人間全体の生きる悩みを解決しようとしました。

愛馬カンタカに乗り、チャンダカという御者を連れて城を出たお釈迦さまは、あるところまで来ると御者に自分の着ているものを全部与えて、「馬を連れて帰れ」と言い、城へ帰しました。その馬と御者が帰ってきた時、ヤソーダラーは「おまえは何という不忠者だ。彼が出ていく時、なぜ私を起こしてくれなかった」と言って、地団駄踏んで泣きわめいたと、仏伝にあるんです。この話は非常に人間的で、私はいいと思います。生まれたばかりの赤ちゃんと自分をおいて亭主が蒸発したというのに、「よくお出ましになりました」なんて、そんなことを言う奥さんはまずいないでしょう（笑）。

一方、お釈迦さまはどうしたかと言いますと、そのへんを歩いている男からボロボロの着物を買い、自分の頭の毛を剃って、苦行林に入りました。ここは、たくさんの修行僧たちが、苦しい修行をしているところです。インド人というのは、日本人と違って非常に瞑想的で、すぐ哲学的なことを考えたがる。だからお釈迦さまだけでなく、人生に疑問を持って修行する仲間は、いっぱいいたんです。この時代、インドでは、人の一生を、学生《がくしょう》期《き》、家住期《かじゅうき》、林棲期《りんせいき》、遊行期《ゆぎょうき》の四つに分けて暮すのを理想としていました。苦行林に入ったのは、釈尊が林棲期に入ったとみていいでしょう。ここでお釈迦さまは断食をしたり、座禅をしたり、それも、わざわざとがった石の上に坐るとか、膝の上に重い石をのせるとか、痛い目に合って、眠らなかったり、さまざまな苦行を自分に課して、六年間にわたってします。

その間、人はなぜ生まれてきたのか、なぜ若いきれいな青年が必ずよぼよぼの年寄りになるのか、美しいお嬢さんがしわくちゃの婆さんになるのか、なぜ人は病気をするのか、なぜ死ぬのか、なぜ人は金持ちもいれば貧乏人もいるんだろうか、そういう人生の矛盾について、ずっと考え続けました。それは自分のためにではなく、自分と同じように衆生《しゅじょう》、つまり人々すべてがそのことで苦しんでいるに違いない、その苦しみを何とか解いてあげたい、そう思って、一生懸命考えたわけです。

けれども六年経っても、一向に何も分からない。ある日ついに、こんなことをしててもしょうがない、これはきっと方法が間違っているんだと気づくんです。これは大事なことですよ。皆さんもなにかを一生懸命していて、いつまで経ってもダメな時は、方法が間違ってるんじゃないかと考えたほうがいいですね。誰か好きになって、せっせと尽くしても、一向にこっちを向いてくれない。これはダメなんじゃないかと考えたほうがいい。ある学校に入ろうと思って、何年も何年も浪人するんだけど入れない。これも、やっぱり自分の学力が足らないのか、もしかしたらその学校に自分が向いてないのじゃないか、と視点をかえて考えてみる。何かを精一杯やってもダメという時には、もうちょっと違う方へ行くとか、考え直すことが必要です。

六年やって、これはダメじゃないかと思ったお釈迦さまは、苦行林を出てしまいます。そして、もっと気候の穏やかな気持のいい村へ行き、そこの広い河——ネーランジャラー河（尼連禅河《にれんぜんが》）のそばに生えている大きな木の下に座って、改めて座禅を始めました。そこへ、スジャーターという若い女がやってきます。彼女は村長の息子のお嫁さんですが、結婚後なかなか子供ができないので、その村の神様である大きな木に願かけをしていました。大きな木に神霊が宿ると考えるのは、どこの民族にもありますね。「木の神様、どうか私に元気で聡明な男の赤ちゃんをお授けください。もし叶えて下されば、お礼にうんと美味しい乳粥《ちちがゆ》を持ってきます」と、スジャーターは祈っていました。すると、本当に男の子が生まれたものですから、純真な彼女はさっそく、しぼりたてのお乳で乳粥をつくりました。乳粥というのは、私もインドへ行った時に食べてみたんですが、とてもおいしいんです。お米と牛乳で粥にして蜂蜜で味つけしてあります。スジャーターが「木の神様、ありがとうございます」と、お釈迦さまの目の前に置いて帰っちゃったので、お釈迦さまはそれを召し上がりました。断食をしたあとの身体に、乳粥は大変によいものでしたから、お釈迦さまはずいぶん元気になりました。元気になったので、今度は身体が痒《かゆ》くなってきた。なにしろ六年間お風呂に入ってないから、垢だらけだったんです。

それで、そばの河に入り身体を洗いました。きれいになった。いい気持になった。ふと河の向こう岸を見ますと、もっとよさそうな村があるんですね。お釈迦さまは歩いて河を渡りました。ネーランジャラー河というのは、とても大きな広い河ですが、水がほとんどないんです。だから橋なんかなくて、いまでも歩いて渡れます。私も歩いて渡ってきました。インドへ行って楽しいのは、二千五百年前の山河がそのままあって、風景がほとんど変わっていないこと。それで、時間が一挙に取り払われて太古に帰っていく。無限の中にいるような気がします。もちろん、インドは原爆も水爆もつくっておりますから、科学は発達しているのですが、それと同時に太古が存在している。原始と文明が共棲している、不思議な魅力がありますね。

お釈迦さまは歩いて河を渡り、静かな林の中の木の下で、改めて座禅を組みました。そうして、初めて悟りを開いたということです。

出家の日　中尊寺にて

悟りを開くことを成道《じょうどう》といいます。道を成したとはどういう意味かというと、仏教のほうでは、因縁を自覚されたといっています。「十二因縁《いんねん》」を発見したということになっています。つまりお釈迦さまは、この世の中はすべて因縁によって成り立つんだということが、やっと分かったというのです。私たちが聞けば、「なあんだ、それだけか」と思うけれども、それを考え出すというところが大変なんですね。

では、因縁とは何か。いま、皆さんがそこに座っている。それはどうしてですか。お父さんとお母さんが愛しあったから、あなたたちが生まれたわけでしょう。ご両親が出会わなければ、あなたたちはいないわけね。両親が出会ったという原因があって、その結果としてあなたが生まれる。何ごとも原因があって結果がある。これが因果——因縁なんです。非常に簡単なことですが、それが分かると、すべてのことが解けてきます。

自分の息子の嫁さんが、ほんとにしょうがない。お嫁にきたくせに威張りちらして、「ご飯は老人夫婦と若夫婦は別に食べましょう。お母さんの出入は裏口にしてください。お風呂は別にします」なんて言って、実にけしからん。私のところにそういって泣いてくる人は、一人や二人ではないんですよ。だけど、それはやっぱり息子がその女性と結婚したから、嫁さんになったわけでしょ。そしてその息子は自分が産んだんです。自分の産んだ息子が、そんな嫁さんの尻に敷かれるような人間になったのは、自分がそういうふうに育てたからですね。そう考えれば怒れないじゃありませんか。

試験に落っこちる。これもそうです。勉強しないから落ちたんですね。試験に通った。勉強したから通った。みんな因果です。原因があって結果があるんです。

「これあれば、かれあり」「これなければ、かれなし」「これ生ずれば、かれ生ず」「これ滅すれば、かれ滅す」――こんなふうにいわれると、何だか分かったようで分からないけど、いま私が言ったようなことが、「縁起《えんぎ》」です。これが十二あって十二縁起ともいいます。十二縁起を考えたあと、お釈迦さまは「四諦《したい》」ということを考え出しました。すなわち苦諦《くたい》、集諦《じったい》、滅諦《めったい》、道諦《どうたい》――これが人間の人生を表わしているというんです。

この世は苦しい、その苦の現実をありのままに見ること、これが苦諦。なぜ、こういう苦しみにあうのか、原因を究明すること。苦しみから抜け出すにはどうすればいいか、それを考えること。そしてその方法。この四つの現象ですね。さらにお釈迦さまは、最後の道諦――苦しみをなくす方法として、「八正道《はっしょうどう》」を考えます。

ものごとを正しく見ましょう。正しい言葉で話しましょう。正しい行いをしましょう。そのための正しい努力をしましょう――こういった八つの正しい道を行いましょう、と。

何のためにするんでした？　そう、苦しみをなくすため。これが仏教なんです。なあんだと思うでしょう。

みなさんは「諸悪莫作《しょあくまくさ》、衆善奉行《しゅうぜんぶぎょう》」というのを聞いたことがありますか。一休禅師がすばらしい字でこれを書いています。

これは中国の詩人、白楽天が杭州《こうしゅう》の大守になって、赴任していく時のお話です。杭州の秦望山に道林禅師という偉いお坊さんがいました。いつも山中の木の枝に座禅をするので、鳥の巣のように見えます。また鵲《かささぎ》が禅師になついていました。それで人々は、鳥窠《ちょうか》禅師とか鵲巣《しゃくそう》禅師とか言っていました。白楽天がその下を通りかかった時、「あなたは、そんなところで鳥みたいな生活をしているけれど、危ないからやめたらどうですか」と声をかけると、「いや、ほっといてくれ。危ないのはそっちだ」と言う。白楽天は「私は危ないところになんかいません」と言うと、禅師は、「お前さんの心は薪に火がついて盛んに燃えているようなものだ」と言います。白楽天は頭にきて、「それじゃ聞きますけれども、仏教の極意は何ですか」と問うと、「諸悪莫作《しょあくまくさ》、衆善奉行《しゅうぜんぶぎょう》」と答えたんです。

つまり、いろいろのいいことをしましょう、悪いことをしてはいけません。これが仏教の極意だというんですね。白楽天が「そんなことは三歳の子どもだって知ってるよ」と言いますと、禅師は「三歳の子どもが知ってても、八十の老人もそれを行うことはできない」と――。理屈では分かってても、人間はできないんだ、それをすることが仏教の極意だ、というようなことを言ったというんです。

八正道《はっしょうどう》――いま言ったことは簡単なことでしょう、正しく見ましょう、正しく考えましょう、正しく言いましょう、正しく努力しましょう。そんなことは誰でも知っていることですよね。でも、できない。だから、それをしましょう。悪いことをせずに、いいことをしましょう――と、それだけのことなんです。仏教はそれを教えているんです。キリスト教もそうですよ。いろいろ言ってることを、みんなつづめてしまうと、結局「悪いことをしちゃいけません、いいことをしなさい」と言っているんですね。

そしてまた、キリストには「汝の隣人を愛せよ」という有名な言葉がありますね。隣の人を愛しなさいとは、すべての人を愛しなさいという意味。ところが、お釈迦さまは「愛するな」と言います。非常に難しくて、誤解されるところですが、これは、われわれが愛するというのは結局、本当に相手のためを思うんじゃなくて、自分の欲望――自分がその人に惚れちゃったから、向こうにも私を思ってちょうだいということでしょう。相手を愛しているのではなくて、よく考えれば自分が可愛い、自己愛です。ですから人間の愛を、仏教では渇愛《かつあい》といいます。私はいま喉《のど》が渇いたから、お水をちょうだい、という感じ。それでなお喉が渇いてる時には、もっとちょうだい、もっとちょうだいと思うでしょう。渇愛は、愛のかたちをとっているけれども、とどのつまりは自愛なんですね。他を愛しているんじゃないんです。で、そういう愛はやめなさい、とお釈迦さまは言います。なぜなら、人間のいろいろな問題は自愛から起こります。自己愛を達成するために、相手や周囲を正しく見なかったり、また正しい言葉を使わずに、自分の恋敵のことを「あの人は悪いわよ」と言ったり、嘘をついたり……。毎晩毎晩、どうやってあの人を手にいれようかなんて、くだらないことを考え、しまいにはあの恋敵を殺してやろうとまで執念深く思いつめる。そんなつまらないことはおやめなさい、とお釈迦さまは言ってるんです。

ですから、キリストの言葉とお釈迦さまの言葉は、ぜんぜん違うようでいて、実は同じなのです。キリストは、あなたの敵まで愛しなさい、嫌いな姑《しゅうと》でも愛しなさい、と教えましたが、お釈迦さまはそれをさらに裏返しただけ。自分を捨てても、本当に相手のためを思う無償の愛、お返しを求めない愛でなければ、そんなものは愛じゃないんだから、安直に愛するな、と。私はこれがなかなか納得いきませんでしたが、最近になってやっと、なぜ仏教で「愛するな」というのかが分かりました。

愛することによって、執着が起こる。愛したら、自分のものにしたいと思うでしょう。そうすると、そこに欲が出る。これを離すまいとしますね。「愛すれば執《しゅう》す、執すれば着す」わけです。そして離さないために、いろんな悪いことをしてしまう。だから、まずその執着を捨てなさい、とお釈迦さまは説きます。根本の、とらわれる心を捨てれば、自由になります。

仏教のもう一つの世界は、ものごとにとらわれない世界、自在になる心です。それを自分のものにしなさい、と教えています。

本当に人間が幸せになるためには、執着から離れなければなりません。あれが欲しい、これが欲しい、いい男と結婚したい、結婚はしたけど今度はもう一つ見つからないよう不倫をやりたい（笑）。こういう限りのない欲望の執着から卒業しなさい。それをふり捨てなさい。そうすれば、とっても気持が楽になって、自由になれます。そう、お釈迦さまは教えるわけです。

シワが出ちゃったけど、何とか隠したいなんて、苦心することはないんです。シワがあればシワのあるまま、腰がまがれば腰のまがったままでいいじゃありませんか。無理はしなさんな、ということ。あるがまま、とらわれないでいなさいということです。定年になっても、いいじゃない。年を取れば定年がくるのがあたりまえだもの。亭主が浮気した？　しょうがない、こっちが魅力ないんだもん（笑）。「あなた、どうぞいってらっしゃい。私も、もっと若いの捜すわ」（笑）――とらわれないと、また魅力が出てきて、次から次から男ができるんですよ。追っかけると鬼のような顔になって、見苦しくなりますね。本当です。執着をぜんぶ捨ててしまって、解き放たれた心、自由な心になった時、人間の表情はきれいになる。生まれつきの顔の造作は変わらないけど、うちから輝いてくるものが出て、とてもきれいになります、絶対に。

そんなふうに心が自由になることを、仏教は教えているわけです。

苦しみから逃れること。苦しみからどうやって解脱《げだつ》するか、そのことを考えましょう。そして、そのためには八正道を行いましょう。八正道を行ったらどうなるか。執着がなくなって、心が自由になります。そうすれば、人間は幸せになりますよ、と。つまり、仏教は人間が幸せになるための宗教なんです。難しい、深遠な思想でも何でもないんですね。

こういうことを人々に説きながら、お釈迦さまは八十まで生きました。ほんとに人のために一生懸命尽くして、どんなやすらかな死にかたをするかと思ったら、これがとんでもないんですね。旅の途中で、ある時アーナンダ――阿難《あなん》と漢字では書きますが、ずっと一緒にいるお供のお坊さんです。そのアーナンダに、しみじみと言いました。

「アーナンダよ。自分はもう八十になって、ポンコツ車になっちゃった」

とてもいいと思いません？　お釈迦さまが偉い、偉い人で、病気もしないし老いもしない、いつまでたってもきりっとしてるなんていうと、そんな恐ろしい人には、とても近づけないと思うけれども、八十になって、「アーナンダよ、わしは腰が痛い、足が痛い、歯も抜けた」――車にたとえたらポンコツだなんて、ぐちを言う人、何か可哀相じゃありませんか。こういう人だから、私はお釈迦さまが好きなんですね。

そうして、そんなになってもなおかつ、人の苦しみを和らげるために、旅を続けました。鍛冶屋のチュンダという人がいまして、お釈迦さまに「どうぞ、うちへきて、夕ごはんを召し上がってください」と言うんです。インドというところは、この時代からカースト制度がありましたから、本来なら違う階級の人は、一緒にごはんを食べられません。お釈迦さまはクシャトリアという武士の階級で、鍛冶屋さんはそれより低い階級ですから。でも、ここが仏教のすばらしいところですが、お釈迦さまは、そういうあらゆる差別をなくそうとしたんです。そこで、喜んでチュンダの家へ行って、ごはんを食べました。

ところが、その食事の中に毒茸が入っていたんです。他の本には腐った豚とも書いてあります。とにかく、それにあたって、急性大腸カタルになってしまいます。疫痢か赤痢かもしれない。垂れ流しになってしまう。その状態でさらに旅を続けて、とうとうクシナガラというところで死んでしまいます。でもその時に、きれいな五色の雲がたなびいたりはしない。何の奇蹟も起こらないんです。医者にもろくにかかれずに、苦しんで、さびしく死ぬんですね。それでいいんです。それが人生なんですね。いいことをしたから、いい死に方をするなんて、そういうもんじゃない。

お釈迦さまは身をもって、人生とはこういうものだと教えて下さったように思われます。私はそういうお釈迦さまの人格と生き方、死に方になつかしいものを感じます。そして、いっそう尊敬できます。

私たちの周囲だって見てごらんなさい。悪いことをした政治家が、偉そうにいつまでも大臣でいるじゃありませんか。でもそれを見て、「おかしいじゃないか」と言う必要はない。そういうことは、もっと大きい目で見たら、絶対にツケはきちんとくるんです。そんな人を見て、「悪いことしたって、あんないい目を見てるじゃない」と言うのは、すでにとらわれているからですね。人のことにとらわれないで、自分が八正道を行っていれば、それでいいんです。

いかがですか。これで仏教というものが、だいたいお分かりいただけたかと思います。

では、皆さんいっしょに『般若心経』をあげましょう。大きな声で、はっきりと唱えて下さいね。

初めに私が「開経偈《かいきょうげ》」の「無上甚深……」の一句を読みます。これは、仏さまにこれからお経をあげますというご挨拶のことば、「偈」とは「詩」という意味です。それにつづいて「摩訶般若波羅蜜多心経」という題と本文を、いっしょにあげて下さい。

――読経――

二 観《かん》自《じ》在《ざい》菩《ぼ》薩《さつ》――慈悲の観世音

今月から「寂庵だより」という新聞を寂庵で出し始めました。それでこの二週間、忙しくて大変だったんです。つくるのは苦労しなかったんですけど、そのあと送るっていうことを考えてなかった（笑）。それが大変。毎日たくさん注文がくるから、寂庵の家中の者が、二日くらい徹夜で、折って封筒に入れて……。

そこで、今日、新章文子《しんしょうふみこ》さんから、とてもいいものを頂きました、「寂庵だより」ができたお祝いといってさっき届けて下さったの。何を頂いたかは、ちょっと伏せておいて（笑）、あとで皆さんに分けてあげますからね（笑）。

新章さんは皆さんご存じでしょう。推理作家で、江戸川乱歩賞をとられて、『四柱推命』

という占いのベストセラーも書いた方です。

昭和二十三年に、私は家を飛び出して、京都にいたお友だちの家へ着のみ着のままで転がり込んで、それでお友だちの下着から何から全部借りて、勤めに出たのが、大翠書院という小さな出版社だったんです。そこで偶然机を並べていたのが、新章さんなんです。

その出版社は、社員七、八人の会社だけど、あとで潰れてしまいました。私なんか雇うから潰れたんですね、きっと（笑）。だって、私が校正をすると間違いがひどいんですよ。あんまりひどいものだから、会社が困って、一つ誤植があったらお給料から一円引くっていう、罰金制度にしたんです。そうすると私はその頃、ほんとに僅かしかお給料をもらってなかったですから、罰金だけでなくなっちゃう（爆笑）。それくらいメチャクチャだったんです。

それで今度は原稿を取りに行きなさいって。忘れもしませんが、トマス・アクイナスの『人間論』って、すごい本があるんです。宗教の本。それを大学の教授のところへ行って、先生が口述されるのを、私が書いてくる。女子大を出てるから、それくらいできると思ったんでしょう。いきなりそれをやらされたんです。ところが、そのおじいさんの先生が眠い声でしゃべるのを筆記してたら、私のほうが先に寝てしまう（笑）。もう行くたびに、私のほうが先に寝ちゃう。それでとうとう怒られて、あの編集者はよだれ垂らして寝てばっかりいる、ちっとも進まないって（笑）。私は先生のところをクビになりました。いま考えてみれば、栄養失調だったのね（笑）。

代わりにその仕事に就いたのが、私とほとんど同時に入社した新章さんなんです。あの人は宝塚にいて、淡島千景とか久慈あさみとかと同期のスターだったんです。宝塚をやめて童話作家になって、大翠書院で本を出したので、そこに勤めていたんです。私よりずっと美人だし、はきはきしているし、眠ったりしないわけです。だから、とても老先生の気に入って、その本も無事出来上がりました。だけど私が校正した分はいっぱい、いっぱい間違っていて、名著だけど誤植だらけで有名になったくらいです（爆笑）。そんなふうで、私は編集者としてぜんぜんダメだった。でも、そこの社長はちゃんと次の仕事を心配してくれましてね。それが京大付属病院の小児科研究室でした。

研究室というのは、博士論文を書く先生たちが、いろいろな実験をするところです。研究室に勤めているなんて言うと恰好がいいんだけれども、要するにラットやマウス――つまり実験用のネズミの世話をするんです。ネズミに餌をやり、オシッコの掃除をする。それからシャーレや試験管を洗ったり、細菌を培養する寒天みたいのを作ったり。まあ体のいい掃除婦だわね（笑）。掃除婦とネズミの炊事係。そういうことをしていました。でも、わりあいみんなに可愛がられて、私は今はこんなことしてるけど、これは仮の姿で、ほんとは小説を書くんだなんて、大言壮語してたんです。そうすると病院の先生って人が好いから、そうか、暇があったらここで原稿書いてもいいよって言ってくれて、とてものどかに暮らしていたんです。

そのうちにネズミ取りデーというのがありましてね。ネズミがいっぱい出るから退治しなきゃいけないので、薬を入れた団子をバラまいて殺したんです。そんなの誰だってできるでしょ。でもなぜかそれが行われていなかったので、私がやって、すごくたくさんネズミを取りました。そしたら研究室の一番偉い服部先生という博士が「あの子はネズミ取りがうまい。お手柄に上の図書室へやってやろう」（笑）って、何だか知らないけれども、上の階にある図書室に回してくれたんです（笑）。図書室勤めといっても、やることなんか何にもないようなところ。これはしめたと思って、誰も来ないのをいいことに、そこで小説を書き始めたんです。

その頃、新章さんがすでに少女雑誌なんかに書いていましたから、その真似をして、少女小説を書いて雑誌社へポンポン送りました。すると次々「採りました」って言ってきたんです。これはうまいぞと思って、あらゆる少女雑誌に原稿を送りつけましてね。『ひまわり』の懸賞なんかにも、通ったんですよ。その懸賞金が月給よりずっと多い。それで、これは一カ月に二つも当たれば私は左うちわだわと思って、すぐに勤めを辞めて上京したんです（笑）。

そんなわけで、古いお友だちの新章さんが、お祝いに紅白のお饅頭をたくさん下さったの（歓声）。あとで皆さんに分けてあげますから、お楽しみにして下さい。数が足らなかったら、寂庵のお菓子を足してあげますから（笑）。では『般若心経』に入りましょう。

『般若心経《はんにゃしんぎょう》』は、大変短いお経ですね。本文は二百六十六文字で、六百巻もある『大般若経』の中のエッセンスを集めたと言われています。何宗であげてもいいんです。浄土真宗はあげないけれども、ほかの宗派だったらみんなあげていい。禅宗でもあげます。また神社であげてもいいんですね。そういうお経です。だから「花の経」とも呼ばれています。

題に「摩訶般若波羅蜜多心経《まかはんにゃはらみったしんぎょう》」とあります。「摩訶《まか》」は、古代インド語であるサンスクリットの「マハー」に、漢字を当てたんですね。大きいとか、偉大な、という意味。ビルディングが大きいとか、お饅頭が大きいとかには使いません。「般若《はんにゃ》」は智慧《ちえ》。インドの昔の言葉はサンスクリットともう一つ、俗語でパーリ語がありますが、この短い『般若心経』の中にも、サンスクリットとパーリ語がまざっているんです。サンスクリットの「プラジュナー」、パーリ語の「パンニャー」が、この「般若」です。ものごとを考える、判断する智慧、仏の智慧。そういうものを「般若」といいます。

「波羅蜜多《はらみった》」は、やはりサンスクリットの「パーラミター」。彼岸《ひがん》へ至る、渡るということ。彼岸は向こう岸ですね。こちら岸は此岸《しがん》、娑婆《しゃば》。私たちが毎日暮らしているところです。

向こう岸は苦のない浄土と、仏教では想定します。誰だって苦のない彼岸へ渡りたい。向こう岸に渡るためには、私たちは行《ぎょう》をしなければならない。彼岸と此岸の間には、煩悩の川が流れているんですね。その川を渡るには、やはり渡し賃がいります。そのチケットを手に入れないと、私たちは向こう岸へ渡れない。

死ねば行けるんですが、生きているうちに行きたいと思って憧れます。だけど、そこへ行くためには、チケットを手に入れなきゃいけない。それはお金ではくれないんですね。それで行をするんです。六つの行をする。これを六波羅蜜《ろくはらみつ》とも言います。すなわち「布《ふ》施《せ》・持戒《じかい》・忍辱《にんにく》・精進《しょうじん》・禅定《ぜんじょう》・智慧《ちえ》」ですね。

「布施《ふせ》」とは施すことです。物をあげること、プレゼントすることですね。この間のバレンタインデーに、皆さんチョコレートをプレゼントしたでしょう。私は女のはずなのに、いっぱいチョコレートがきた。どういうことかしらね（笑）。チョコレートとかお金をあげるのは、「物施《ぶっせ》」と言います。物施をもらったかわりに、お坊さんが皆さんにお返しするのは「法施《ほうせ》」です。

また親切にしたり、優しいことを言ってあげたり、悲しんでいる人を慰めてあげる。つまり心でプレゼントすることを「心施《しんせ》」と言います。それから「無畏施《むいせ》」というのがあります。これは畏れをなくしてあげること、人が苦しんでいるのを慰めて、苦しまないようにしてあげることです。「施無畏《せむい》」とも言いますね。ケチで何もあげたくない、それでも何かあげなきゃいけない時は、「和顔施《わがんせ》」をあげればいい。いい顔をあげる。ニコニコして、相手をいい気持にする。そういうことですね。

「持戒《じかい》」は、してはいけない戒律を守ること。「忍辱《にんにく》」は辛抱すること。「精進《しょうじん》」は努め励むことですね。「禅定《ぜんじょう》」は座禅することね。インドでは、お釈迦さまが生まれるもっと昔から、座禅の習慣はあったんです。ヨーガ——私たちは今、ヨガ、ヨガと言っているでしょう、あのヨガですね。座って瞑想する習慣です。バラモンと呼ばれる司祭たちの間で、この行《ぎょう》が行われていました。それがお釈迦さまによって深められて、今の座禅になったんです。

私たちの心は常に煩悩のために波立ち、苦しんでいるでしょう。怒ったり、妬いたり、悲しんだり、いろいろします。あれが欲しい、これが欲しい、それが手に入らないと悔しいとかね。そういう、悩みで波立った心を静め落着かせるために、静かにじっと座って、深い腹式呼吸をする。呼吸を整えて、身体を整えて、心を静める。座禅というのは、その方法なんです。

けれども道元《どうげん》（鎌倉時代の禅僧）は、自分の波立った心を静めるために座禅をするという、そういう功利的なのは本当の座禅じゃないと言っています。座禅をする時は、座禅そのものに徹しなさい。ただひたすら座りなさい。それが本当の座禅だと教えています。なかなかこれは、できないですよ。私たちは凡夫ですから、座ってじっとしていたら、いろんな妄想が出てきますね。「あっ、アイロン消し忘れてないかしら」「きょうは帰りに焼き芋を買っていこう」とか、いろんなことを考える。

でも本当の座禅をしたら、そういうのがスーッとなくなるんだそうです。

「心《しん》」は心臓ということです。いちばん大切という意味。「経《ぎょう》」はお経、インドの言葉でスートラ。これは縦糸という意味ですね。ですから、この題をまとめますと、「向こう岸へ渡るための、いちばん大切な偉大なる智慧のお経」となります。

続けて本文に入りますが、その前に、前回は仏教とは何かということを、だいたいお話ししました。二千五百年前、お釈迦さまはネーランジャラー河のほとりの大きな菩提樹の下で座禅をして、十二月八日の朝、明星が輝いた時に悟りを開きました。それからお釈迦さまは、自分の開いた悟りを人々に話して歩きます。その第一回目はサルナート――鹿野《ろくや》苑《おん》といって今でもあります――へ行って、昔の仲間の五人の修行僧たちに、自分がこういうふうに悟ったと話すんですね。

この最初のお釈迦さまのお説教を「初転法輪《しょてんぽうりん》」といいます。初めて法輪を転ずるということですね。「法」とは仏教、仏法のこと。仏法を車に喩えて、その仏法の輪を回したということは、ここで仏法を初めてお釈迦さま以外の人に向かって話したということですね。この瞬間から、仏教というものが生まれたわけです。それまでお釈迦さまの考えを仏教とはいわなかったのですが、人に話して初めて一つの思想として、一つの信仰として世に生まれた。これが「初転法輪」です。

その最初のお説法を聞いた五人の比丘《びく》——お坊さんたちのことを「僧伽《さんが》」といいます。つまり仲間ですね。志を同じくする仲間。同志です。同志は初め五人だったのが、「あそこの話はなんだか面白そうじゃないか」というので、次々に集まってきて、十人になり二十人になり百人になりました。この僧伽のかたまり、これもまた僧伽といいます。

そして僧伽に屋根をつけて建物を建てると、これが伽藍《がらん》です。僧伽——人間がまずできて、その人間が雨露に濡れないように、安らかに話が聞けるように、その時のロックフェラーみたいな金持ちとか王様などが家を建ててくれたんですね。これが伽藍で、お寺の原点です。

すると、お寺とはそもそも何なのか。志を同じくする同志たち、僧伽がそこに集まって「人生とは何か」とか「人間はなぜ死ぬのか」とか「なぜ生きるのか」とか「なぜ老いるのか」「なぜ病気をするのか」「なぜ悩みがあるのか」、そして「死ねば、あの世はどうなっているのだろう」といったようなことを一生懸命に勉強したり修行したりする、そういう場所なんですね。だから、ただ行って甘茶をもらう、あるいはお葬式をしたり法事をしたり、それだけのためのお寺ではないんです。もともとの原点は仲間が、同志が集まって考え、勉強し、切磋琢磨《せっさたくま》する、そういう修行のための道場なんですよ。私がこの寂庵を

「嵯峨野僧伽《さがのさんが》」としたのも、そんなお寺の原点に帰ったものを建てたかったからです。

ところで、お釈迦さまが悟りを開いたって、どんな悟りを開いたのでしたか。十二因縁《いんねん》。世の中すべて原因があって結果があるということを悟ったのでした。

ここに桜の花が咲くのは、なにもいきなりパッと咲いたのではなく、最初に桜の種がどこからか飛んできて、あるいは、もらわれてきて誰かが植える。種から芽が出て、その木が大きくなって、やがて花が咲く。それも土の中に栄養があって、太陽の光がそそぎ、雨が降って潤い、そういうことがぜんぶ重なって、それを縁といい、そして花が咲くんですね。必ず原因があって縁が働き結果があるわけです。当たり前のことだけれど、それをお釈迦さまは苦行のあとでハッと悟りました。そう考えれば、すべてのことが解決できると思ったんです。

息子がちっとも言うことを聞かないのは、お母さんが甘やかして育てたからだし、娘をいい学校に入れたいのに、なかなかうまくいかないのは、親の頭もそんなによくないから(笑)。こうやって原因がわかれば、腹も立たないじゃないですか。「ああ、そうか」と思うでしょ。だからイライラすることがない。

仏教というのは、なにも遠い遠いところのことを考えるんじゃないんですね。あの世に

木仏を掘り出す

行った時、いいところに行けますよとか、特等席に行けますよとか、そんなことを言ったってわからないでしょう。誰も行って帰ってきたことがないんですから。私だって行ったことありません。もしあの世に行ったら、そこがどんなところか、皆さんにちゃんとファックスか何かで教えてあげますけれど（笑）。

まあ、今はわからないのですから、わからないことを、あれこれ思い悩んでも仕方のないことです。だから行ったら行った時のことと考えて、それよりも生きている今、私たちは幸せでありたいでしょう。今日を、思い残すことなく過ごしたいでしょう。後悔することなく生きたいでしょう。だったら足もとをしっかり見なさい。自分自身を見つめなさい。こういうことをお釈迦さまは教えているんですね。仏法とは、自分自身を見つめること、自分を知ることです。そこから、ではこの自分は何をしていけばいいのか、それを考えなさいということなんです。仏は自分の心の中にいるんです。

われわれは明日のことはわかりません。明日どころか今日の夕方、いいえ、一時間あとだって何が起こるかわからない。ここに突然、爆弾が落ちてきて、皆一緒に死ななきゃならないかもわかりません。だから、現在を悔いなく過ごすしかないんですね。確かに生きていれば、ムシャクシャすることは誰だってあります。あるけれども、そのムシャクシャを今日、解決してしまえばいいんです。明日までとか、夜寝る時まで持ち越さないで、一つ一つ片づけていく。そして今日を思い残すことなく生きて眠れば、もしポックリといっても、悔いがないじゃありませんか。

　それが「あれをまだしてない」「あの人にあの恨みを言ってない」「あの借金を返してもらってない」なんて、いろいろ思うと、なかなか安らかに死ねません。私なんか、書けていない原稿がいっぱいあって、あっちこっちから怒られてますから、いっそ今晩死んでしまえば言訳をしないでいい、どうぞ死にますように（笑）。だから結局われわれは、足もとから一つ一つ片づけていくしかないんです。仏教はそういうことも教えているんですね。

　前おきが長くなりましたが、これからいよいよ本文に入っていきましょう。「観自在菩《かんじざいぼ》薩《さつ》　行深般若波羅蜜多時《ぎょうじんはんにゃはらみったじ》」、まずここまで。私たちがお経をあげる時には「蜜多時照見《みったじしょうけん》五蘊《ごうん》……」と続けますけれども、文章としては本当は「波羅蜜多時」、ここでワンセンテンスです。

「観自在菩薩《かんじざいぼさつ》」は観世音菩薩、つまり観音さまのことです。私は瀬戸内晴美だけど、瀬戸内寂聴でもあるでしょう。そういうふうに、その人によって言い方が違う。そう考えてください。なぜ違うかというと、お経というものはインドでできた。それはサンスクリットあるいはパーリ語で書かれているから、インド人以外には読めません。そこで、インドの言葉を勉強した中国のお坊さんが、中国語に翻訳したわけですが、その時に二人の人が、アヴァローキテシュヴァラという菩薩のことを、二通りに訳したんですね。

最初に『般若経』の中でこれを訳したのは、鳩摩羅什《くまらじゅう》という人。中国の六朝の時代、唐の時代より二百五十年ぐらい前のことです。この人は翻訳の名人で、とてもたくさんのお経を訳しています。『般若経』のほかに、私たち日本人が大好きな『法華経《ほけきょう》』、皆さんもよく知っている『阿弥陀経《あみだきょう》』、それから『維摩経《ゆいまきょう》』。また仏教のいろいろな論（経の注釈など）も訳しました。これだけの仕事を一人でやったのですから、きっと天才だったのでしょうね。

その生涯もなかなか面白くて、ちょっと小説に書きたいような人です。お父さんはインド人なんですが、お母さんは中国のずっと西のほうにあった亀茲《きじ》国の王女さまで、鳩摩羅什はここで生まれました。お母さんという人は、二人目の子供を産んだころから仏教に憧れて、もうどうしても出家したいと思うようになったんです。でも自分ではできないものだから、非常に頭のよかった息子の鳩摩羅什を連れ、ヒマラヤを越えてインドへ行ってしまいます。そこで鳩摩羅什は熱心に仏教を勉強して、やがて国に帰ってきました。

ところがその時に、国が中国から攻められ、滅ぼされてしまいます。でも攻めてきた将軍は、鳩摩羅什があんまりすばらしいので、離したくないと思い、自分のものにしようとしました。彼はそのころ三十五でしたけれども、とても清浄潔白で、戒律をよく守り、女はぜんぜん寄せつけない、大変な聖僧だったんです。そこで、その将軍が何とかして彼を堕落させよう、破戒させようと、うんと若くて美しいお姫さまと一緒に、彼を一室に閉じ込めてしまう。で、とうとう彼は誘惑に耐えかねて、そのお姫さまと破戒してしまうんです。一回破戒したら、もうどんどん破戒する。

それで結局、その将軍の言いなりになって、中国の都に行くわけです。やがて将軍は国を滅ぼして、自分が王さまになりますが、その新しい国もまたすぐに滅ぼされてしまいました。なにしろ、しょっちゅう国を滅ぼしたり滅ぼされたりしている時代です。でも次々に支配者が変わっても、どの王さまも鳩摩羅什を大事にしたがる。それほど優れた才能の持ち主だったんですね。

今度の王さまも、彼に女を与えました。それも一人ではなく、十人もです。そうして彼は非常に堕落した生活を送ったわけですが、それでいながらいっぽうで、尊いお経を一生懸命訳していたんですね。鳩摩羅什というのは、そういう人です。

さて、それから二百五十年くらい経ち、唐の時代になって玄奘《げんじょう》という人が出ました。三蔵法師《さんぞうほうし》玄奘。『西遊記』に登場する、孫悟空や猪八戒をお供に天竺《てんじく》にお経を取りに行く、あのお坊さんです。『西遊記』は小説ですから嘘八百ですけれども、玄奘という人がいたことだけは確かなんです。三蔵は名前ではなく、その時の皇帝がお経を訳すお坊さんに特別に与える、いちばん上等な位です。

ですから三蔵とつくのは、玄奘だけではありませんでした。日本のお坊さんでも一人、霊仙《れいせん》という人がいます。この人は空海や最澄と一緒に遣唐船に乗って、中国へ渡ったお坊さんですが、どこで習ったのか、ほかの二人に比べ、インドの言葉が大変によくできたんですね。サンスクリットもパーリ語もできたんでしょう。それで向こうの皇帝に見込まれ、お経の翻訳をさせられたんです。それも非常に上手だったものだから、なかなか日本に帰してもらえません。

やがて最澄が帰り、空海が帰り、霊仙も早く帰りたくて「帰してください」と頼むのですが、いっこうに帰してくれない。まあ、そうとうお金ももらったんでしょう。そうこうするうち、今度は中国が廃仏毀釈《はいぶつきしゃく》みたいになりまして、お坊さんはぜんぶ還俗《げんぞく》させられ、追放されたりしたんです。霊仙は唐の都の長安から逃げて、五台山に行きました。そこで、さらに追いかけてきた人たちに毒を盛られて死んでしまったのですが、日本人にもこういう、翻訳の大天才がいて、三蔵の位をもらった人がいたわけです。

話を元にもどしましょう。鳩摩羅什は観音さまを「観世音菩薩」と訳しました。そして、あとから三蔵法師玄奘は、さらに意味を広め、観音さまが非常に自由自在にわれわれのところに助けにきてくれるので、これを「観自在菩薩」と訳したのです。同じ一人の仏さまなのですから、観自在菩薩と書いてあっても、観音さまのことだと覚えておいてください。

では菩薩とは何でしょう。サンスクリットではボーディサットヴァという。これに菩提《ぼだい》薩埵《さった》という中国の漢字を当て、その中の字を抜いて「菩薩」と言うようになりました。菩薩のほかにも、仏さまがありましたね。そう、如来でした。菩薩と如来の違いはわかりますか。

如来はいちばん高い位の仏さま。そして、そのお方と、凡夫衆生であるわれわれ人間の間に立って、取次をしてくれるのが菩薩です。ですから平たく考えれば菩薩は、位でいうと如来の次、といえそうなのですが、ちょっと違う。というのは、いったん如来になった方が衆生を救う――衆生済度のために、わざわざ一段身を落として、われわれに近づいてきてくれる、これが菩薩だからなんです。如来の姿で私たちのところへ来ると、私たち凡夫はその尊さにビビってしまって近づけない。そこで菩薩になって来る。
したがって、位が低いとかいうのではなく、観世音菩薩も地蔵菩薩も、ちゃんと一度如来になるんですよ。それからさらに身を落として、われわれのところへサッと助けにきてくれる、そういう方なんです。ほら、地蔵菩薩は常に杖をついているでしょう。観音さまだって、長谷寺の観音さまは杖をついています。杖をついているということは、サッと助けにいくという意味なんですね。

観音さまは、とても耳がいいんです。だから、われわれが「助けてください、観音さま」って言うと、それをどこかで、しっかりと聞いていて、一瞬のうちに光のように飛んできて助けてくれる。私たちが困っていると、その姿をさまざまに変えて、助けにきてくれるというふうにいわれています。

『観音経』の中には、そういうことがたくさん書いてあります。船がひっくり返りそうになった時に、観音さまを念じて「南無観世音」って言ったら、波が静まったとか、後ろから誰かに突かれて谷底に落ちそうになったけど「念彼観音力《ねんぴかんのんりき》、南無観世音」と言いましたら、自分は空中で無事に泳いでいたとか。日蓮《にちれん》上人の「龍《たつ》の口《くち》の受難」というのもありますね。捕えられて、今にも首をはねられようとした、その時に「南無観世音」と唱えたら、首切り役人の刀が折れたと、そういう霊験譚が伝わっています。

また、観音さまというのは美しいでしょう。ですから多くの人が、女だとばかり思っている。でも女ではないんです。仏さまには性はないんですね。悲母観音という狩野芳崖《かのうほうがい》の有名な国宝になっている絵がありますが、あれなんか鼻の下に口髭があります。注意して見ると、口髭のある観音さまはとても多い。これは男でもない、女でもないということなんです。

けれども、こんな話が伝えられています。親鸞《しんらん》上人が六角堂にお籠りをして、大変悩んでいた時――あの人は性欲の強い人だったから、それをどうしたらいいかと、非常に苦しんでいたんですね。その時に、そこに祀ってある観音さまが現れて、「そんなに苦しいなら、私がお前の相手をしてあげよう。そして、お前のそういう煩悩を救ってあげよう」とおっしゃった。そこでハッと目が覚めて、悟りを開いたというのです。つまり、観音さまは男でも女でもないけれど、その時は女になって、助けてくれようとしたわけですね。

そんなふうに観音さまは、その時々に応じた姿で、われわれを助けてくれるんです。だから、たとえば、あなたが今日、帰りに寂庵に財布を落としていったとしますね。そしてバスに乗ってから「あっ、お金がない」と気がついて困っていると、隣の見知らぬ人が

「いいですよ。私がお金を貸してあげましょう」と言って、小銭を差し出してくれる。それは観音さまが、その人に応現して出てきた、と思っていいんです。

あるいは病院へ行って、本当は手遅れのところを、とても上手なお医者さんが手術をしてくれて、死ぬはずの命が助かった。その時は、観音さまがそのお医者さんに化けて、助けにきてくれた、というふうに解釈すればいいでしょう。私たちは、それとは気がつかないうちに、毎日の生活の中で、たくさんの観音さまに助けられているんですね。ですから、大変親切な人に出会ったら、「ああ、これが私の観音さまだ」と考えてください。そういうふうに、観音さまというのは非常に親しい感じの方なんですね。

だいたい家族を、観音さまの集まりだと考えれば、いいんじゃないかしら。とても無理ですって？　だったら、あなたが観音さまになってあげればいい。あなたが家族にとっての観音さまになってあげればいいんですね。

さて、その観音さま――観自在菩薩が深く般若波羅蜜多を行う時、とお経は続きます。般若波羅蜜多、これは向こう岸、彼岸に渡るための行でしたね。それを観音さまが行う時、というのがこの一行です。続きは、また次回で。

三 五蘊《ごうん》は空《くう》なり——宇宙の生命を信ずる

今日は『般若心経』のお話をする前に、私が東北の天台寺《てんだいじ》というお寺の住職になることについてお話をしましょう。新聞などで知って、私がこの寂庵をやめて東北へ行ってしまうと思って、今日はお別れに来てくれた方もあるかもしれませんが（笑）、そんなことはありませんから安心して下さい。

ここにおいでの皆さんなら、私が昭和四十八年十一月十四日に中尊寺で得度したことは、ご承知でしょう。得度させて下さったのは今東光《こんとうこう》先生でした。今先生は天台宗の大僧正で、中尊寺の貫主《かんしゅ》でいらした。当時は自民党の参議院議員で、それからもちろん小説家ですね、「お吟さま」で直木賞になった——だけどその頃、今先生は癌の手術のあとだったので来ていただけなかったんです。それで東京の上野の寛永寺の貫主であった杉谷義周《すぎたにぎしゅう》大僧正が、代わって私の頭を剃って下さったのね。といっても、杉谷大僧正は髪に剃刀をちょんと当てるだけ、そのあと別室で剃刀で剃るんです。得度式の導師をして下さった。その後、今先生が亡くなられて、私はお師匠さんがいなくなったから、転師《てんし》ということで杉谷大僧正にお師匠さんになっていただきました。杉谷大僧正も亡くなって、そのあとは転師をしなかった。だから私にはもう師匠はないと思っていたら、今度の天台寺のお話がきてから、いろんなことが分かったの。転師をしなければ、亡くなってもそのまま師匠なんですって。

それから今度知ったことは、私はまだ天台宗に籍があるということ。この寂庵は私が自分で建てたお寺で、単立寺院といって、どこにも属していないんです。だから私は天台宗から離れてしまったものと思ってた。ところがまだ、いわば籍があったので、それで天台寺の住職にというお話が来たわけです。

岩手県のいちばん北、山ひとつ向こうは青森県という所に、浄法寺町《じょうぼうじちょう》という、人口六千人の小さな町があって、町はずれの山の上に八葉山《はちようざん》天台寺という古いお寺があります。八葉山というのは山号ね。寂庵の山号は曼陀羅山《まんだらさん》、そこの、鳥居大文字のある山の名ね。

初めは裏に小倉山《おぐらやま》があるでしょう、小倉山寂庵としようかと思ったけど、羊羹と間違えられても困る（笑）ので、曼陀羅山にしました。

延暦寺は比叡山が山号。大原の三千院は魚山《ぎょさん》が山号。珍しい山号だけど、三千院は声明《しょうみょう》のお寺なの。声明は、お経を節をつけて唄う宗教音楽です。――どんな宗教にも音楽がありますす。キリスト教では中世にグレゴリオ聖歌があるでしょう。黒人霊歌もそうね。仏教ではインドで声明ができた。それが中国に伝わって、中国の魚山というところに根づいた。その魚山からさらに日本に伝わって根づいた所が三千院でした。それで魚山という山号にしました。あそこには川があって、呂川《りょ》と律川《りつ》と言ってる。呂と律というのは、音楽の節というか音階のこと。ほら「呂律《ろれつ》がまわらない」って言うでしょ、その呂と律からきたことばです。三千院は声明のお寺だから、川にもそういう名をつけているわけです。

この近くに釈迦堂があるでしょう。有名な三国伝来のお釈迦さまのお像があるのでそう言っているけど、帰りに寄ってごらんなさい、五台山清涼寺《ごだいさんせいりょうじ》って書いてあります。これはすぐ傍の愛宕山を、中国の有名な五台山になぞらえて、山号にしたのね。

八葉山。八つの葉っぱの山――山がたたなわって、たくさんあるということ。八というのは仏教で好まれる数です。聖数といってね、八大観音とか言う。

去年の十一月十四日に、比叡山の偉いお坊さんがひょっこり寂庵へ見えたんです。それで、東北の天台寺というお寺の住職になってくれないか、町の人たちも町長をはじめ皆もそう願っているというお話なんです。突然のことだし、この嵯峨野僧伽《さんが》をつくってまだ二年、やっとなんとか軌道に乗ったところですから、とてもとても、とにべもなくお断わりしました。ところが、ふと気がつくと、その日の十一月十四日というのは、十四年前に東北の中尊寺で私が得度した日なんです。得度記念日にこんなお話があるというのは、ただならぬことではないかと。時々私はロマンチックになるのね（笑）。これは仏さまのお導きではないか、仏縁があるのではないか、そう考えると、すぐには断われなくなった。

でも私は、寂庵をかかえているから、天台宗から離れてしまっているんでしょうと言ったら、いや寂聴さんはちゃんと籍があります、と。自分は家をとび出して離婚したつもりだったのに、亭主が籍を抜いてくれなかったみたいね（笑）。だから天台寺の住職になる資格は十分ありますって。

月がかわって十二月に、その浄法寺町の町長さんがやってきた。それがなかなか若くて男前なのね（笑）。様子を聞いたら、その町長さんのお父さんが町長だった時分に、やはり寂《さび》れていた天台寺を復興しようというので、今東光先生にお願いに行ったというんです。

今先生は中尊寺の貫主だったけれど、頼みをきいて快く引き受けられて晋山《しんざん》なさった——晋山というのは新しく住職になるということ。それが昭和五十一年の四月。それから一年四カ月、今先生は一度も行かないうちに亡くなられた——示寂《じじゃく》なさった。せっかく今先生をお迎えしたのに何もできずに終わってしまったことを、今先生の奥さまがたいへん残念に思って、志を継いでかなりのお金を寄付なさった。そういう、私にとってはいわくのあるお寺だったわけです。

考えてみると、天台寺のことを今先生から聞いたことがあります。桂の木に彫った実に立派な観音さまがあって、寺格の高いお寺なんだけれど、何代か前の住職が、今先生の言葉で言うと「バカ坊主」（笑）で、山にある杉の木、年輪千年以上もの大きな木を、町の悪い業者に騙されて、千三百本も伐って売っちゃった。ただでさえ衰えていた天台寺がそれで惨憺たる有様になっているのを、復興するんだと、今先生がおっしゃってたんです。

実は、私はまだ天台寺に行ってないんです。今の話は全部聞いたことなんです。だから、見合いもしないで結婚しようというようなものね（笑）。町長さんの話では、今先生のあと住職になったお坊さんは、兼務住職といって兼任なので、あまり来て下さらない。それどころか中風で寝たきりになってしまったというの。そうすると、天台寺の住職になると、死ぬか、中風になるか（笑）……。

ともかく、いまはたいへんに寂《さび》れている。寺にお金はない、檀家は二十六軒しかない、川には小さな橋しかかかっていない、庫裡《くり》はぼろぼろ……（笑）。私は言いました。「私が行くとバスでツアーが来るから、橋は直しておいて下さいね」って（笑）。庫裡も襖、障子を入れればなんとか住めるだろう、肝心なのはお金だけれど、これも私がいろいろやれば復興資金は何とかなるだろうって、もう行ったような気になっちゃった（笑）。

伝説では、聖武天皇が行基菩薩に命じて創らせたお寺ということになっていて、そのことがお寺の釣鐘に彫ってある。聖武天皇なら奈良時代になるけど、でも学者の調べたところによると、どうも平安中期にできたらしい。だから比叡山よりちょっとあと。

御本尊の仏さまは、桂の木の一刀彫りのすばらしい観音さま。写真でしか見てないけれど、それは実にいい仏さまです。それと十一面観音と二体、おまつりしてある。

それからもひとつ、山に登る途中に大きな桂の木があって、その根元に清水がわいているんです。これがすばらしい水なんですって。お寺とか神社とか尊い所には必ず水があるのね。それから火がある。比叡山でも伝教大師最澄がともした法灯を、千二百年間守り通しているでしょう。東大寺のお水取りも、若狭の水を汲むという行事と、達陀《だったん》の火の行事

土仏を持って

が重要な儀式になってるでしょう。そんな風に水と火がついている。私も晋山式の時に、柴灯護摩《さいとうごま》という大がかりな護摩をたこうと思ってるんです。

今度分かったことの一つは、私のお坊さんとしての位《くらい》のこと。自分では「大律師《だいりっし》」だと思っていて、人に聞かれるとそう答えていたんです。それが知らない間に一つ上っていたんです（笑）。

出家すると、はじめ「権律師《ごんりっし》」という位をくれます。この「権《ごん》」というのは「次」という意味です、「律師」の次ということ。明治のころの小説なんか読むと「権妻《ごんさい》」という言葉が出てくる。これは奥さんの次、つまり妾《めかけ》ということね。妾はさておいて（笑）、「権律師」「律師」「少《しょう》律師」「中律師」「大律師」とあって、その上が「権少僧都《ごんしょうそうず》」。これになると衣《ころも》の色が違う。大律師までは真赤。それが緑になるんです。今私が着ている黒い衣は、これは正式の衣ではなくて「道服《どうふく》」という、いわばダスターコートね。

衣は位によって違います。緑の上は松襲《まつがさね》といって、紫と緑のむらむらっとした色合のもの。その上が紫。更にその上が緋《ひ》色。今先生のような大僧正は緋色。法事なんかの時に、お坊さんの衣を見てごらんなさい。他に木蘭色《もくらんじき》という黄色の衣があって、これはどの位でも着ていいんです。私はこの木蘭色で通していました。

ところが今度天台寺の住職になると、おどろいたことに、またいくつか位を上げてくれるらしいの。つまり、寺の格にふさわしいようにということなのね。

それほど、寺格のあるお寺なんです、天台寺は。だけど、さっき言ったように、貧乏で何もない。人も来ない。お寺というのは、人が集まってくれないとだめなんです。人が来て法話を聞いてくれないと、仏教のありがたさが分ってもらえない。私が行けば、私は人寄せパンダだから（笑）、たぶん人が来てくれると思う。皆さんもバスでツアーで来て下さいね（笑）。

そんなわけで、どうなるか分らないけど、仏さまが私をお呼びになったんだから、行けばなんとかなると思ってるんです。

天台寺に行ったら、ここ寂庵と同じことをしようと思っています。法話をしたり、写経をしたり、座禅をしたりね。それを毎月やろうと思います。

そういうわけで、この寂庵からいなくなるわけではありませんから、安心して下さい。ここでの毎月の法話も必ずやりますから、皆さんおいでになって下さいね。では『般若心経』に入ります。

今日は、ちょっと復習から入りましょう。まず「摩訶般若波羅蜜多心経《まかはんにゃはらみったしんぎょう》」という、このお経の題名。「摩訶」は何？　はい、偉大ですね。「般若」は？　智慧。「波羅蜜多」は？　彼岸へ渡るね。「心経」は？　心は大切、心臓の心。そのお経です。もう覚えましたね。

その次、「観自在菩薩《かんじざいぼさつ》　行深般若波羅蜜多時《ぎょうじんはんにゃはらみったじ》」までを、すでにお話ししました。「観自在菩薩」というのは何でした？　観音さまのことですね。だから「観音さまが向こう岸に渡るための行《ぎょう》をしていた時」となります。そして彼岸へ渡るためには、六つの行をしなければならない。その六つは「布施・持戒・忍辱・精進・禅定・智慧」ということでしたね。

このあとに続くのが「照見五蘊皆空《しょうけんごうんかいくう》　度一切苦厄《どいっさいくやく》」です。「照見《しょうけん》」とは読んで字のごとく、見ることですが、ここで大事なのは「五蘊《ごうん》」。この「蘊」という字、辞書で引きますと「包む」という意味なのです。あるいは「蓄える・中に籠もる・含む」、そんな意味もあります。ほかのお坊さんで「かたまり」と訳していらっしゃる方がいますが、「包む」と解釈したほうが、私はいいと思います。

「五蘊」とは五つの包んだもの、身体の中に包んだものね。身体の中に包まれているのは何ですか。内臓でしょう。胃や腸や何かね。だけど私たちの身体は、はらわただけでできているわけじゃありません。身体の中に包まれているものには、心もありますね。すなわち私たち人間を構成しているもの、これを「蘊」というふうに解釈します。

「五蘊は皆空であると照見して、一切の苦厄を度《ど》したもう」、つまり観音さまが、人間の持っている五蘊はぜんぶ空であると考えて、私たちの一切の苦を救ってくださる。これが『般若心経』全体の、いわば主文なんです。判決で主文というのがあるでしょう。被告を何々の刑に処す、って。そのあとに判決の理由を言いますね。あれと同じようなものです。

結局、このお経の中に書かれているのは、すべては空であるということ。空であるという認識を持てば、われわれの一切の苦しみが救われますということ。それを教えてくださろうというのが、『般若心経』なんです。「五蘊」については、またあとでお話ししますが、その前にお経全体の構成を、ちょっと見てみましょう。

皆さんは『般若心経』というものを、一つの詩だと考えてくださいね。中国の詩は「起・承・転・結」でつくられているでしょう。起は起こる、承は承ける、転は変わる、それから結。ものごとは、すべて起承転結しますね。最初があって、それを承けて何かがあって、そしてそれが突然変わって、おしまいになる。

人間の一生だって起承転結です。まず生まれる。それから大きくなって学校に行って恋愛して結婚する。ある日突然、人生の転機が訪れます。ご主人が勤めを辞めるとか、離婚する――これは少しひどいかな（笑）、何か大病して手術を受けるとか。そうして最後には死ぬわけですね。

この『般若心経』も、ちゃんと起承転結になっています。それにしたがって説明しますと、今までにお話しした「観自在菩薩　行深般若波羅蜜多時　照見五蘊皆空　度一切苦厄」、ここまでが起承転結の起です。二十五字ありますね。

承はちょっと長いんですが、まず「舎利子《しゃりし》　色不異空《しきふいくう》　空不異色《くうふいしき》　色即是空《しきそくぜくう》　空即是色《くうそくぜしき》　受想行識《じゅそうぎょうしき》　亦復如是《やくぶにょぜ》」までの二十七字。これは事理円融《じりえんゆう》、つまり華厳《けごん》の教えといいまして、いちばん最後の高い教えです。それをいきなり言っているんですね。「舎利子《しゃりし》　是《ぜ》諸法空相《しょほうくうそう》　不生不滅《ふしょうふめつ》　不垢不浄《ふくふじょう》　不増不減《ふぞうふげん》」の二十字は、中道実相《ちゅうどうじっそう》を説く三論。天台の教えです。次の「是故空中《ぜこくうちゅう》」から「無意識界《むいしきかい》」までの三十四字は物心皆無、すべて無であるということを説いています。これを仏教のほうでは有識《ゆうしき》で説いてあるというふうに言いますが、有識とか華厳とか天台とか、とても難しいので、ただ私からこのように聞いたということだけ、おぼえておいてください。終わりのほうになってくると、だんだんわかってきますから。

承がもうしばらく続きます。「無無明《むむみょう》　亦無無明尽《やくむむみょうじん》　乃至無老死《ないしむろうし》　亦無老死尽《やくむろうしじん》」の十八字が縁覚《えんがく》の教え。縁覚というのは位です。人間が物を理解する位があるんですね。その縁覚の位の人にわかるように教えてあるのが、この部分だということです。次の「無苦《むく》集滅道《しゅうめつどう》」、この五字は声聞《しょうもん》の人に因果を説いている。声聞は、縁覚よりもうちょっと上の位ね。さらに「無智亦無得《むちやくむとく》」の五字。これは、天台のほうに一行法《いちぎょうほう》というのがあるんですが、すべて空であるという説明をまたここでしているわけですね。

それから転に入ります。「以無所得故《いむしょとくこ》」から「究竟涅槃《くきょうねはん》」までは、菩薩のために説きます。だんだんと位が上がって、縁覚・声聞・菩薩までいきました。そして「三世諸仏《さんぜしょぶつ》」から「三菩提《さんぼだい》」までの二十二字で、絶対の自覚を説いた。これはもう諸法に通ずる。ここが最も難しいところで、功徳を説いてあるんです。こういうことをぜんぶやっていたら、仏さまの功徳があります、という、その功徳。

さて、いよいよ起承転結の結にきました。結論として結句に当たる部分。これまでいろいろな位の人にわかるようにずっと説いてきて、最後に仏さまの功徳をほめ讃えているところです。そして、功徳をほめ讃える呪文を教えてくれるんですね。これさえ言えばよろしい、という呪文を教えてくれる。

この呪文に関しては、なかなか面白いことを言っている人がいます。日本のお坊さんはもともと、『般若心経』というのは、要するに六波羅蜜をやって向こう岸へ行くための、それを教えてくれるお経である。『大般若経』の中のエッセンスを伝えたお経であるというふうに、伝えてきたわけです。われわれはずっと、そう習ってきている。その元はというと、三蔵法師玄奘《げんじょう》がそのように解釈しているからですね。玄奘という方は、昔々インドに行き、ナーランダという大学に入りまして、そこにいる一万人くらいの生徒の中でも、いちばん頭がよくて秀才だったという人です。その人の言うことだから間違いなかろうと思って、われわれはずっとそれを受け継いできている。

ところが、あるお坊さんが言うには、それはぜんぶ間違っている。このお経の中には六波羅蜜なんかどこにもないって、言うんですね。では、これは何を教えているのか。最後の「掲諦掲諦《ぎゃていぎゃてい》　波羅掲諦《はらぎゃてい》　波羅僧掲諦《はらそうぎゃてい》　菩提薩婆訶《ぼじそわか》」、ただこれだけを言いなさい、と教えているんだそうです。ユニークな解釈ですね。彼はそう言って、自分が新しい宗教をたてているんです。だから、そこの人たちは、ただただ「掲諦掲諦　波羅掲諦……」、それさえ言えば、とにかくそれは仏さまに直接呼びかける言葉であるから、すべてのことは救われると考えているんです。

これも非常にユニークでわかりやすいし、ちょっと魅力ある意見だと思います。だけれども、そのお坊さんは何でも仮説をたてる人なんですね。大胆な仮説をたてる。今まで言われてきたことだけを鵜呑みにするのは、つまらないですから、いろんな仮説をたてるのはいいと思います。だけど、たとえば小説家が何を言ったっていいんですけど、それを学問として言う場合には、学問的な証明がなければならないのね。仮説が証明されなければ、やっぱり駄目です。

今までの学問というのは、何だかもうちょっと納得がいかないなとも思うけれども、そこまでは証明されている、学問的研究があるわけです。いろんな経典を引っ張ってきて、あらゆる偉いお坊さんが一生懸命勉強している。この短い『般若心経』のために、どれだけのお坊さんが苦労してやってきたことか。それだけ難しいんです。わかったようで、わからない。それで、皆が苦労しているんですよね。

私も皆さんにお話しするために、ずいぶんいろいろ勉強しましたけど、結局、六波羅蜜を取り入れた玄奘、それは間違っていないと思います。もし間違っているならば、今までずっと伝わってきた間に、これだけたくさんの偉いお坊さん、学僧も出ているんですから、とっくに反対意見が唱えられてもいいわけです。でも、それは出なかった。あらゆる人が勉強し、研究して、『般若心経』というのは『大般若経』のエッセンスをとり入れたものであって、それは彼の岸へ渡るためのわれわれの実践を教えたのだと言う。そう受け取っていいと思います。

ただ、先ほど言ったような意見、そういう見方もあるということを、皆さん、知っていてください。どっちが正しいかは、わからないけれども、結局、信じるほうが正しいんです。

この最後の「掲諦掲諦　波羅掲諦　波羅僧掲諦　菩提薩婆訶」、これは訳していないんです。サンスクリットそのままを伝えているんです。強いて訳せば「行け、行け、彼の岸へ行け」、というようなことになります。そう訳してしまうと、それだけの意味になってしまう。だけれども、それだけではないものが、この言葉の中にあります。それは呪《じゅ》、インドではマントラと言います。

つまり信仰というのは、仏があると思うからこそ仏教があったり、神があると思うからキリスト教があったりするわけですね。われわれ人間は、人間というものの限界を知っているから、それ以外の何か超越的なものを欲しがります。その超越的なものに向かって呼びかける。祈るわけです。「助けてください」と祈ったり、「感動しました」と祈ったりします。

その祈る対象は何か。仏とは何か。今まで私は、超越的なもの、人間以外のもの、聖なるもの、なんて言ってきました。昨夜、どうやって皆さんに説明したらいいのか、どうしたらわかってもらえるかと思って、四苦八苦している時、フッとひらめいたんです。「これだな」と思った。それは宇宙の生命です。宇宙に充満する生命。そう思ってください。皆さんの中に生命がありますね。この命は宇宙の大生命からもらっているんです。インド人は本当にうまいことを考えました。宇宙の生命に言う言葉は、普通われわれが使っている「こんにちは」とか「グッド・モーニング」とか、そういうのじゃ、駄目なんじゃないか。宇宙の生命には、宇宙の生命だけに通じる宇宙語があるんじゃないか。それで考えたのが呪なんですね。「掲諦掲諦……」、蛙が鳴いているような、この呪は、宇宙の生命に呼びかける宇宙語と思ってください。

そうすると、神とか仏っていうのは――何教でもいいんですよ。キリスト教でも仏教でも、あるいはイスラム教でも――それは、宇宙の生命に対して、われわれが思い描く、ひとつの感じですね。ある人は、それをキリストだと思う。ある人はお釈迦さまみたいに思う。お釈迦さまもキリストも、宇宙の生命をわれわれに見せてくれる、一つの現象にすぎないんです。だから、お釈迦さまそのものじゃないのね。キリストその人じゃないのね。彼らの向こうに、もう一つ宇宙の生命というものがあって、われわれは何となくそれを感じているんです。

作家なんかは、無宗教で葬式をする人が多いんですよ。日本人は無宗教というと、迷信なんか信じないインテリだというようなところが、少しあるでしょう。だけど、そういう無宗教の人でも、死ぬ時にはやはり心の中で、「どこへ行くんだろう」と考えているだろうと思います。「もう何もなくなって、私はすべて灰になるんだ」とは思っていないんじゃないかしら。やはり、その瞬間、身体は焼かれても何かが残るんじゃないか、私の魂は残るんじゃないかと、チラッとでも思うんじゃない？ 死んだ人に聞いてみないとわからないけれど。

われわれは今、現実にこの世にこうして生きていますが、この肉体で生きている命は、限られた命でしょう。必ず死ぬ。私も死にます。あなたたちも、いくら泣いてもわめいても、死ぬんですよね。ここにいるみんな二百人くらいが一人残らず死ぬ。それこそ、今夜死ぬかもしれません。でも死ぬというのは、どういうことなのか。この私の中に今ある命は、どうなるか。それは、宇宙の生命に還元されるんだと思うんです。

そうすると、死ぬということは、そんなに惨めではありませんね。死んで焼かれて、それきり何もなくなってしまうのでは、ちょっと寂しいでしょう。一生懸命生きたって、小説をせっせと書いたって、天台寺で頑張ったって、私がコロリと死ねば、それでパアッとなくなる。でも私が死ぬ時――どこで死ぬかは知らないけど、その時に私のこの世での生命が、宇宙の生命に還元されるんです。だから、宇宙の生命というのは繰り返し繰り返し、あらゆる人間の生命を吸収しているから、だんだん強くなるんじゃないかしらね。宇宙の生命、それが神や仏じゃないかと私は思います。

そこまで考えた時、岡本かの子という人はすごいなと思いました。岡本かの子の文学は命の文学と言われています。あの人は途中で仏教徒になった。キリスト教も研究し、いろんな宗教を研究してるんですけれど、最後に自分が救われるのは仏教なんです。それでかの子のそれからの小説は、命ということが主題になる。私はかの子の文学を読みながら、「キザだな、一言めには命と言って」なんて思ったりしましたが、やっぱり凄い人だと思います。彼女は仏教を、要するに人間以外の超越的な力を、宇宙の生命ということで捉えていたと思います。岡本かの子は、それがわかっていたと思うんです。

宇宙の生命に呼びかける言葉が「呪《じゅ》」、そう思ってください。

親鸞は、学問のない人にこんな難しいことを言ったってわからないから、とにかく仏さまに祈りなさい。「南無阿弥陀仏」と祈りなさいと言っています。阿弥陀仏っていうのは何か。やっぱり、それは宇宙の生命なんですね。別に阿弥陀仏っていう仏さまの実体が、あるわけではない。ないけれども、私たちが死んだら行く、あの世にいらっしゃる、あの世を支配していらっしゃる、守っていらっしゃる、そういう仏さまを阿弥陀仏と想像しているんですね。

結局、それは宇宙の生命。だから「南無阿弥陀仏」。「南無」はこの前、説明しましたね。帰依《きえ》しますという意味。「私はあなたに身も心も捧げて帰依します」。ということは「宇宙の生命に没入します」ってことです。「南無阿弥陀仏、南無阿弥陀仏」と、日本語みたいになっていますが、これは呪、マントラと同じなんです。「南無阿弥陀仏」——阿弥陀仏に帰依しますって、そればっかり言っていれば、必ず救われるというのが、浄土真宗の教えですね。

難しいことは言わないでよろしい。宇宙の生命に語りかける言葉だけを覚えなさい。そういうことなんです。なぜ「南無阿弥陀仏」って言えば極楽なのか、こう考えればわかるでしょう。それは宇宙に呼びかける、宇宙の生命がわかって受けとってくれる言葉なんですね。「南無観世音」もそう。

それから、聖観《しょう》音さまを拝む時は「オンアロリキャソワカ」って言うんです。これが聖観音さまを拝む時の呪。われわれの言葉ではありませんね。宇宙の生命の言葉です。だから「オンアロリキャソワカ」と言うと、観音さまがピッとわかる。お地蔵さまは「オンカカカビサマエイソワカ」。これは宇宙の生命の中のお地蔵さまに、ピッと伝わる言葉なんですね。電話番号と同じですよ。これを言えば出てくる。

それを信じるか信じないかで、信仰というものは決まってくるんだけれども、皆さん、宇宙に生命があるということは感じるでしょう。宇宙の生命というものがあるから、木が育ち、草が生え、花が咲き、実が実る。そしてまた、それが落ちる。風が吹く。雨が降る。雪が舞う。

そういうことで、宇宙の生命というものがあると信じることが、宗教だと思います。われわれが宇宙の生命に呼びかける――『般若心経』の最後はそれなんです。神を讃嘆し、仏を讃嘆し、そして呪を教えてあげましょう。「あなたたち、仏さまをほめ讃えなさい。仏さまをほめ讃えるには何と言えばいいか。私たちは仏さまをほめ讃えます、なんて日本語で言わなくてよろしい。世界中に通ずる、宇宙の生命が受け取る言葉があります。それは『掲諦掲諦　波羅掲諦　波羅僧掲諦　菩提薩婆訶』です」

この寂庵のまわりの蛙なんて、それを知っていますよ。いつも言っている、「掲諦掲諦……」って（笑）。彼らは、われわれよりずっと純真に宇宙の生命の声を聞いているから、「ギャッ、ギャッ、ギャッ……。雨が降るぞ、降るぞ」って、私たちに教えています。それを私たちはわからないで、「うるさい」なんて思う。

『般若心経』は、こういう呪を最後に教えているわけですが、そこへいくまでがややこしい。これは、いろんな人の、ものごとを考える段階というものがあるでしょう。小学生に大学院の人に言うようなことを言っても、わかりませんよね。中学生に老人に言うようなことを言ったって、受けつけない。だから『般若心経』は、その人の認識する、要するに受け入れる知能とか悟りとか、そういう段階によって説いてあるんだという、この解釈のしかたが、私が今お話ししてきた方法なんです。これは何によって言っているかというと、天台宗の『般若心経』の解釈なんですね。『般若心経抄』という本があるんです。

昔から仏教のほうでは、ここが大事というところは、文字に書かずに口で伝えました。ぜんぶ口伝《くでん》なんです。仏教の本を読んでいると、時々「ロイ」というのが出てきます。ロは口《くち》、イは伝という字の略。ここは口でこっそり教えるところだ、という時には「ロイ」

とする。書かないんです。書いたもので渡すと盗まれますからね。こっそりと「こう、こう、こう」と教える。昔の日本の学問の伝え方は、ずっとこういう方法をとりました。何々伝授ということばがあるでしょう。耳で覚えなきゃいけないから、大変に難しいんです。

だけど天台のお坊さんに、とても賢い合理的な人が出て、口伝では間違えやすいし、一つ間違ったら、そのあとずっと間違ってしまうと考えた。ほら、伝言ゲームという遊びがあるじゃないですか。十人ぐらいで言葉を伝えていくと、初めと最後はぜんぜん違う。「それでは困るから書こう」ということで、その人が初めて書いたんですね。それで『般若心経抄』というものが残ったわけです。

『般若心経』には、いろんな解釈のしかたがあるんですが、私はこれが面白いと思うので、取り上げてみました。

では、「五蘊《ごうん》」にもどりましょう。「五蘊」というのは「色《しき》・受《じゅ》・想《そう》・行《ぎょう》・識《しき》」です。「色」といっても、色気じゃない。この字を見て、何となくエロっぽいことを思うのは、われわれが卑しいからであって、そうではありません。「色」は物質ということです。変化するものということ。人間でいえば、肉体ですね。肉体があれば心があるでしょう。人間の中に心がある。これが「識」です。そして「受・想・行」は、この間の作用なんですね。

たとえば、今ここにペンがありますね。ペンはあるけれども、あるだけではないと同じです。つまり私たちが目で見て、「ここに黒いペンがあるな」と感じるから、このペンがあるわけ。認識してくれる人が誰もいなければ、ペンがあってもしょうがない。物があって、その物を「あっ、物があるよ」と感じる人間があるから、ここに物が存在するんです。私がここでしゃべってますが、皆さんが私を目で見て、声を聞いてくれて、だから「ここに瀬戸内寂聴がいて、何か言ってるよ」とわかるわけですね。そうすると、私が存在する。私という存在があるんです。

天地の初めにアダムとイヴがいましたけれども、あれがもしアダム一人だったら、どうでしょう。アダムは、いてもいないと同じです。その存在を認める人がいないと駄目なんです。イヴがいるからアダムがいて、アダムがいるからイヴがいる。天地創造というのは、そのへんがうまくできていて、どこの神話でも、初めは必ず二人います。お互いを認識しあうように、二人いるんですね。

色《しき》——物があって、それを感じる心——識《しき》があって、それで初めてここに物が存在する。

そういうことです。「受・想・行」で、その作用を言っている。「受」は、ペンならペンを見て感じること。感受作用といいましょうか。ものを受けとる作用ですね。「想」、これは、そのときに「黒くてちっちゃいもんだな」と思う。想像といってもいいし、想念でもいいですね。要するに思うこと。「行」はそうやって思ったことを認める、もう一回認識する。その作用です。

われわれは毎日毎日、何となくご飯を食べているけれども、無意識のうちに「ここにご飯があるな」。そして、それを「食べたいなあ」と感じるでしょう。ご飯をみたら「食べたいな」、梅干しを見れば「すっぱいな」と、そういう反射作用をしますね。で、「これを食べたら美味しいだろうな」と思う。「美味しいだろうな」と思うから、「じゃあ、いっそ食べよう」と、ちゃんと食べるでしょう。それで「美味しかった」と認識する。まずかったら「まずかった」と認識します。こう言ったら、わかりますか?

これが「色・受・想・行・識」。「五蘊」です。

観自在菩薩が深く波羅蜜多を行ずる時、五蘊はすべて空なりと――つまり今言った、われわれの肉体的存在とか、あるいは感じ方、心の動き、そういうものはすべて空であると照見する、考えたということです。そして、そのことによって一切苦厄、あらゆる苦はここから起こることを感じたんですね。この「一切苦」は、またあとで言いましょう。日本の『般若心経』には「度一切苦厄」とあるけれども、中国の『般若心経』は「一切」が入っていません。だから、全体で二字少ないんですよ。

だいたい、わかりました？　要するに皆さんは、五蘊でできています。またお釈迦さまが最初に仏教を説かれた頃の原始仏教では、「五蘊とは世間」というふうに言っている。世の中のすべてのものは、五蘊で形成されていると言うんですね。で、それは「空」だということです。「空」とは何かについては、これから勉強していきましょう。

今日の話のいちばん中心は、「神や仏というものは、宇宙の生命である」ね。それだったら抵抗がないでしょう。何となく仏さまなんて抹香くさいわ、神さまなんて外国くさいわ、なんて思わないで、神も仏もすべて宇宙の大生命であると考える。そうすると、ピンとくるでしょう。われわれは非常に小さな、小さな、ひと滴のような生命だけれど、しかも大変短い時間しかない生命だけれども、それは宇宙の大生命の中から送られてきている命なんです。だからわれわれが心を無心にすれば、宇宙の大生命に通じる言葉が出てくる。それが呪、マントラです。それでマントラには力がある、ということなんです。

四　色《しき》即《そく》是《ぜ》空《くう》——苦しみからの解放

先月のお話で、私が五月に岩手県の天台寺に晋山《しんざん》することをお話ししましたね。それが本決りになって、いよいよ五月五日に晋山式を行うことになりました。三月二十九日と三十日に天台寺に行って見てきたんですが、ほんとうにいい所。ちょっとそのお話をしましょうね。

まだ雪が残っていて長靴をはかなきゃ登れない。でも、天台寺はとてもいい所でした。第一、空気がきれい。町には喫茶店もない、飲み屋もない、パチンコ屋もない。今どき珍しいでしょう（笑）。汚染されていない町です。

安比《あっぴ》川というきれいな川があって、橋を渡ると、山にかかります。ゆるやかに山径を登って、私の足で十五分くらいかな、途中に大きな桂の大樹があり、根かたから泉が湧いている。桂泉水というのでとても美味しい。ぱらぱらとした石段を登ると大きな本堂がある。旧くてぼろぼろだけれど、なかなか立派な本堂です。東北三十三観音の最後の、結願寺なんですって。仏さまは国の重要文化財で、ほんとに品がよくてかわいらしい聖観音さま。

境内は六万坪もあって、前に話しましたね、杉の木を千三百本も伐っちゃったって。だから、明るいんです。広々していて。だから何でもできる。いろんなことをやろうと思ったのね、法話もできる、塾も、キャンプも、運動会も……。天台寺パフォーマンスっていうのをやろうとすぐ思いました。知っている芸術家にみんな来てもらってね。そうしたら日本中から人が集まって来てくれるでしょう。

お寺というのは、人が来てくれないとだめ。来て仏さまを拝んでもらう、法話を聞いてもらう、そして仏さまの教えを知ってもらいたい。すばらしい所だから、天台寺の山の霊気にふれるだけだっていいですよ。

晋山式には、柴灯護摩《さいとうごま》という大がかりな護摩をたきます。それから稚児行列もやろうって話になってます。いま、寂庵では、みんなで蒲団を送ったり、道具を揃えたり、まるで嫁入り支度（笑）。また、来月ご報告しましょう。

「照見五蘊皆空《しょうけんごうんかいくう》　度一切苦厄《どいっさいくやく》」のところを、もう少し話しましょう。「五蘊《ごうん》」のうちの「色《しき》」は外側、目に見えるもので、これは客観の世界。「受《じゅ》・想《そう》・行《ぎょう》・識《しき》」は目に見えないもの、主観の世界、自分の心の中と思ってください。

「受」は、外側にある現象を自分で感じることです。花があると、「ああ、花がきれいだな。椿はきれいだけど、あんまり匂いがしないな。沈丁花はよく匂うな」と感じる、その感じ。人間が感じるには、六つの器官があります。まず目で見るでしょう。「あの花は赤いな」「あの人はいい女だな」と、目で見ます。

目のほかに、耳で聞きますね。私の声をあなたたちが、「瀬戸内さんの声は歳に似合わず若いな」なんて聞いている、その耳。それから鼻、今度は匂いですね。「この寂庵はお香の匂いがしていていいな」、これは鼻できます。また、もうじきこれが終わったら、皆さんお昼を食べるでしょう。その時は、「今日のお弁当は美味しい」とか「美味しくない」とか、それは舌で感じることですね。

「眼耳鼻舌身意《げんにびぜっしんい》」。始めの四つは「げん・に・び・ぜつ」と読みます。それから「身《しん》」というのは身体。「意《い》」というのは心。これが、私たち人間をかたちづくっています。私たちは目で見る。耳で聞く。鼻で嗅ぐ。舌で味わう。そしてそれを、「美味しい」とか「赤い」とか「いい匂い」とか感じる。それが「意」なんですね。身体が感じることを心で意識する。意識する器官「意」がほかの五感に結びついて、初めて感じたということになるんです。

「想」は想念。ものを知覚することです。知覚作用ですね。肌で感じるとよく言うでしょう。肌で感じる、身体で感じる。肌で感じて、「ああ、暖かいな」と思う。あるいは「今日は冷たいな」と思う。でも本当は肌が「冷たい」と思うんじゃなくて、肌が冷たくなったことを頭が、意識が、「ああ、冷たいな」と思うんでしょう。肌で感じたものを、はっきりと自分が認識すること、これが「想」ですね。

「行」というのは、意志の作用というとわかりやすい。たとえば、自分を好いてくれたら嬉しいでしょう。嫌われたらイヤでしょう。そして、自分の好きな人が「嫌いだ」と言えば辛いし、「私も愛してるよ」と言えば嬉しいでしょう。そういう感じ。思うこと、念ね。「あの人は私の亭主を盗ったから憎らしい」「あの人はいつも私に何かプレゼントしてくれるから好きだわ」なんて思う、その念。それが「行」なんです。「行い」ではなく、意志の作用ということね。

それから「識」。認識の識と考えてください。だから、まとめると「色」と「受」と「想」が結びつく。目に見えるもののかたちと、それを受けて認識するもの、観念。「行」はそれを結びつける作用をすると考えていいでしょう。

この「五蘊」が、すべて「空」だと言う。つまり、ものがあっても、それを見なければないと同じでしょう。見ても目に入らなければ、ないと同じなの。前に言ったことが、これからお話しすることとぜんぶ結びつくんです。だから、本気で聞いてくださいね。

私は仕事に夢中になりますと、いわゆる三昧《さんまい》になるのね。何も感じなくなってしまう。一生懸命、小説や随筆を書いているでしょう。締切の間際になると、もう必死。「この時間にこれだけ書かなきゃいけない」と必死なんです。そして、やっと終わって「ああ、やれやれ。お茶が飲みたい」と思い、「お茶」と言います。すると「もう持っていってますよ」って、女の子が怒るんです。

私が一生懸命書いている間に、ちゃんとお茶やコーヒーがはいって、私のすぐ横に置いてくれてあるんですね。私が知らない間に女の子が入ってきて、そこに置いて立ち去っている。ところが、必死になって書いているから、彼女が来た足音も聞こえなければ、置いた気配も分らない。コーヒーの香りも分らない。そうすると、ものがあっても、私が感じなければないと同じなんです。終わったとたんに喉が渇いて、お茶が欲しくなる。その時に「ありますよ」と言われて、あることに気づく。その時はじめてそのものが私にとって存在する。

ものがあっても、それを認識しなければ、ないと同じこと。これが、きょうお話しする「空」につながります。

「受・想・行・識」、これは心の働き。私たちには心がある。この心の働きによって、人間は迷いとか欲望が起こってくるでしょう。私たちが苦しいのは煩悩があるからですね。「あれが欲しい、これが欲しい」「もっと大きい家に住みたい」「もっといい服を着たい」「もうちょっと鼻が高くならないか」(笑)、そういう欲望が煩悩です。物質的欲望もあれば、精神的欲望もある。食欲もあれば性欲もある。いろんな欲望がありますが、そういう欲望って、心が感じることなんですね。私たちに心がなければ、欲望はないわけでしょう。

身体が悪くなって、植物人間みたいになっている方がいますね。もう何も感じないかというと、そうではない。身体はダメでも心は残っていて、感じることがあるんですよ。ただそれを言えないだけで。人間が死ぬ時だって、心は残っている。姉が死んだ時、お医者さんが「ご臨終です」と言い、つづいて「今おなくなりになりました」と言う。皆は葬式の支度に、枕元からパアッといなくなった。私一人が残ったんです。それで私は一生懸命、なきがらに向かって話しかけました。「聞こえているなら口を動かして」って。そしたら、死んだ筈の姉の口が動いたんです。

よく、死んだ時に魂がスッと抜けて、天井のこのへんから下を見てる、なんて言うでしょう。そういうことはあるんじゃないかなと、その時に私は思いました。

そんなふうに、人間には常に心がありますね。心があるから悩む。心がなければ悩まないし、人と比較したりしないでしょう。「隣の亭主のほうが、うちのより稼ぎがいい」とか（笑）、そういうのは心がなければ感じないこと。心があって比較するから、もっと金持ちになりたいとか、もっといい恰好がしたいとか、悩むんですね。

その煩悩の根を絶つこと。そうすれば苦がなくなる、悩みがなくなるということを、仏教では教えています。物というのはあったって、それを見る者がいなければ、ないと同じ。物があっても、それを認める心がなければ、ないと同じじゃないか。物も心もないところには何の悩みもない。すべては空だということ。これは、仏教で見つけた、非常にユニークで素晴らしい認識だと思います。

先に進みましょう。「一切《いっさい》」というのは「すべて」――この世の苦しみや災厄は、生きていく上で避けることができません。誰かが病気になる。自分が病気になる。あるいは、不景気になって商売がうまくいかなくなる。いろんなことがあります。何もしないのに、飛行機が落っこちたりもします。そういう、すべての苦しみから度《ど》す。「度《ど》す」は、向こう岸へ渡るということです。渡れば、そこはとてもいいところだという思想から、仏教では「度す」は、救うという意味です。観世音菩薩が一切の苦しみや災厄を救ってくださる。

人間の苦とは何か。仏教では四苦八苦《しくはっく》といっています。四苦というのは「生老病死《しょうろうびょうし》」。「生《しょう》」は生まれてくること。生まれてくるのも、なかなか大変でしょう。「生」を生まれるじゃなくて「生きる」と考えても、やっぱり大変ですね。生きるということは、本当に大変です。

それから、私たちは老いる。これもイヤですね。いつまでも若くてきれいでいたいけど、そうはいきません。あちこちが痛くなる。顔に皺ができる。目もかすむ。病気もしたくないけど、皆します。そして、最後に死んでいく。「生老病死」、この四つを四苦といいます。人間が持たなければならない四つの苦しみです。

このほかに仏教では、もう四つ、苦しみを加えます。一つは「愛別離苦《あいべつりく》」。愛する者と別れる苦しみ。これがいちばん辛い。死別もあるし、離婚もあるし、喧嘩別れもある。愛する人と別れるというのは、とても苦しいことですね。その反対は「怨憎会苦《おんぞうえく》」。これはイヤな人、嫌いな人とも顔を合わせなきゃいけないこと。会社に勤めてたら、自分の上役が本当に嫌いな人でも、しかたがない。その人が転任するか、死んでくれない限り、その下で仕事をしなければなりません。それから嫁がくる。どうしようもない嫁だと思っても、毎日、顔を合わせなきゃならない。向こうも「こんな姑、大っ嫌い」と思っているけど、一緒に暮らさなくちゃいけない。これも苦しいでしょう。「愛別離苦」「怨憎会苦」、続けて覚えてくださいね。

次に「求不得苦《ぐふとっく》」というのがあります。欲しいものが手に入らないこと。これも人間にはとても苦しいのね。好きな人が手に入らない。ミンクの毛皮が手に入らない。家を建てたいけど、土地がなかなか買えない。人間には欲望がありますから、欲しいものが手に入らないと辛いですね。最後が「五蘊盛苦《ごうんじょうく》」。これは人間の肉体、あるいは心、そういうものが盛んで、煩悩が燃え盛るということ。人間が生きている以上、肉体や心がいろんな欲望で燃える。それはとても辛いことでしょう。煩悩があるというのは、苦しいことですね。これも加えて四苦八苦と言います。

この苦しみを絶つこと、四苦八苦の苦しみから解放されること。これが仏教でいう「解《げ》脱《だつ》」です。サンスクリットでは涅槃《ねはん》、「ニルヴァーナ」といいます。

人間の身体を形成しているもの、心が、すべて空だということがわかれば、私たちは苦しみから解き放たれます。私たちは物に執着するでしょう。人の心にも執着する。「あの人に愛して欲しい」と執着しますね。それから地位や名誉にも執着します。執着する――これが苦しみのもとなんです。そして、執着するというのは、五蘊があるからですね。五蘊がなければ、すなわち執着する元のものがなければ、苦しみから解放される。

「救う」とは、そういうことです。観音さまが「五蘊はすべて空だ」という、その真実を発見して、人間をあらゆる苦しみから救い上げてくださいました。これが、前回話したところです。

今日は、その次ですね。「舎利子《しゃりし》　色不異空《しきふいくう》　空不異色《くうふいしき》　色即是空《しきそくぜくう》　空即是色《くうそくぜしき》　受想行《じゅそうぎょう》識《しき》　亦復如是《やくぶにょぜ》」、ここまで。「舎利子《しゃりし》」以下は、今まで言ったことの繰り返しです。「舎利子」というのは、「舎利弗《しゃりほつ》」という人の名前です。「シャーリプトラ」というサンスクリットに漢字を当てたもの。観音さまが「舎利子よ」と、呼びかけている。舎利弗はお釈迦さまの十大弟子の中で、智慧第一と言われた人です。

この人は中インドにあったマカダ国の首府の王舎城《おうしゃじょう》（ラージャガハ）の郊外、ナーラカという小さな村で生まれました。インドには階級制度がありますが、彼のお父さんはそのいちばん上のバラモンの階級です。祀りを司る人です。そして舎利弗は、やはりバラモンで、その頃、大変有名だったサンジャヤ・バラッティプッタという人の弟子になったのです。

　ところがある日のこと、町を歩いていて一人の比丘《びく》に会った。比丘というのは、お坊さんのことね。アッサジというお坊さんが向こうから歩いてくるのに会ったのですが、その人があんまり清々しい顔をしているので、舎利弗が目をとめ、「あなたは一体どうしてそんなに気持のよさそうな、悟ったような顔をしているのですか」と聞きました。すると「自分は仏陀の弟子です。お釈迦さまの教えによって、こういうふうにさっぱりしています」と答える。

「お釈迦さまの教えとはどういうことですか」、と聞くと、アッサジが因縁ということを話しました。お釈迦さまはこう説いてくださいますと、詩のかたちで言いました。「諸法《しょほう》従縁生《じゅうえんしょう》　如来説是因《にょらいせつぜいん》　是法従縁滅《ぜほうじゅうえんめつ》　是大沙門説《ぜだいしゃもんせつ》」——意味は、「すべてのことは縁により生じます。如来はこの因を説明なさいます。この法は縁によって滅することができます。

大沙門、すなわちお釈迦さまがこうお説きになりました」。

舎利弗は智慧第一ですから、それを聞いたとたんにハッとして、悟りを開いてしまう。そして自分が今まで勉強していたバラモンの教えが、いかにつまらないかと気づきました。自分がこれから教えてもらう人は、このアッサジの先生であるお釈迦さま以外にないと、とっさに判断し、その足でお釈迦さまのところへ馳せ参じて、弟子入りするんです。

こういうことがなかったら、おそらく舎利弗はお釈迦さまの弟子にはならなかったでしょう。たまたま舎利弗が王舎城の道を歩いていて、そこへまた、たまたまアッサジがやってきて出会った。出会った瞬間に、アッサジの何とも言えない神々しい雰囲気を舎利弗が感じて、話しかけ、アッサジがお釈迦さまの因縁の詩を話して聞かせる。それで彼が悟った。これだけでも、すでに因縁なんですよ。

つまり舎利弗がいて、アッサジがいる。この二人がたまたま出会った。これが因。ただそれだけでは、舎利弗がお釈迦さまの弟子になることはあり得ませんでした。舎利弗がアッサジを見て、ある感銘を受けて話しかけたから、因縁の詩を聞くことができたんですね。これは縁が生じたということ。その結果として、舎利弗がお釈迦さまの弟子になりました。

あなたたちも今、たぶん結婚していると思いますけれど、もしかしたら北海道の人と九州の人が結婚しているかもしれないわね。これは一体どうしたことか。やはり北海道に男がいる。九州に女がいる。そういう因があった。そこに誰か「こんないい男がいますよ」「こんないい娘がいますよ」と話してあげた人がいて、見合いをして縁が生じた。それとも、舎利弗とアッサジのように道を歩いていて、「あっ、いい男がくる」と思った瞬間、向こうも「おっ、いい女がくる」と思って、パッと恋が芽生え、結婚したかもしれません。いずれにせよ、そういう縁が生じて、その結果、夫婦になったわけです。

すべてのことは原因があって、それに縁が関わって、そして結果ができる。これを因縁といいます。

だからよく、「因縁が悪い。先祖が誰やらを殺したから、今この家に病人がでている。その悪霊を払わなければいけません」なんて、この頃よく新興宗教などでいいますが、因縁というのは、そんなものじゃないんですね。因縁とは、原因があって、それを刺激する縁があって、そして結果が起こるということ。お釈迦さまほどの立派な人が、家族と離れ、六年間も苦行林の中で苦しみ苦しんで、なおかつわからず、最後に座禅をして悟ったのが、これです。すべて原因があって結果がある。それが世の中のしくみです。

これが、なぜわれわれの救いにつながるのでしょうか。それは、ここに苦しみがあるとするでしょう。その苦しみには必ず原因がある。原因があって、それが苦しみになる縁があって、そして苦しいという結果があるわけ。だから苦しみを逃れたければ、その原因を消せばいいということなんですね。

たとえば、あなたたちがダイヤモンドを欲しい、欲しいと悩んでいて、それが手に入らないものだから、朝から晩まで「口惜しい、口惜しい」と思っているとするでしょう。その悩みは、ダイヤモンドというものを消せば、なくなりますね。ダイヤモンドは宝石店にあるから、それを消したら大変なことになっちゃうけれども（笑）、その場合はダイヤモンドが欲しいという欲望のほうを消せばいいわけです。原因を消せばいい。誰かを好きになったのに、その人がこっちを向いてくれないので、苦しくて苦しくてしょうがない。原因であるその人を消せばいいんですが、殺すと自分も監獄に行かなきゃならないから、その人を好きな自分の心を消せばいいわけですね。

だから、すべての苦しみの原因、おおもとを絶ちなさいということ。「そういう煩悩を絶て。心を絶て」と、お釈迦さまは言いました。「あれが欲しい、これが欲しい。あれがしたい、これがしたい」、その煩悩をなくせば、四苦八苦がなくなりますよ、と教えてくれたのです。

けれども、これがまた仏教の面白いところで、煩悩がぜんぶなくなったら、人類は絶滅するでしょう。だって、男と女が愛し合うという煩悩があって、人を愛し、子供を産む。そして家をつくろう、と。そういう気持がなければ、世の中は発展しません。

また、本当はテクテク歩くほうが健康にいいんだけど、それではとても仕事にならないから、鉄道を引く、飛行機を発明する。鉄道でも普通のではしんどいから新幹線をつくる。そういうふうに欲望があるから——もっと速く行きたいとか、もっと何々したいという欲望にうながされて、われわれはいろんな発明をして、世の中が進歩していくんですね。だけど、それが行き過ぎると、今度は原子爆弾だ、自然破壊だとなり、地球はやがて消滅する、なんてことになるわけです。

元にもどりましょう。「舎利子　色不異空　空不異色　色即是空　空即是色　受想行識亦復如是」。結局これは、ぜんぶこの前言ったことと同じです。「空」は、仏教の用語でとても難しいけれども、要するに物体があっても、現象があっても、それを感じる心がなければ、ないのと同じだということです。そして、今度はそれが反対になって、「空は色に異ならず」と言っている。お茶は目の前にあったけれど、それに私が気がつかなければないと同じだったでしょう。認識をするかしないか。

そういえば私はこの前、位が上がったんですよ。私は位なんか、ぜんぜん興味がないんですけれど、頭を剃って行を受けると、まず権律師という位になるんです。天台は十三階級あって、いちばん上が大僧正。権律師はいちばん下。それで私の場合は、下から四番目の大律師になって、ずっとそうなのかと思っていたんです。人に「位は何ですか」と聞かれても、「大律師です」と答えていましたしね。

ところが、位は時間が経つと自然に上がるらしいんです。それで、知らない間に一つ上がって、権少僧都というのに、とっくになっていた。今度また三つ急に上がったから、上から六つ目の権大僧都になりました。平安時代だったら、すごい位ですよ。でも今は大したことない。だって私なんかがなるんですから。それはともかく、私は権少僧都になっていたのに何年もそれを知らなかった。そうすると権少僧都という位は、私にとっては、ないのと同じ。いくら上の位をくれていたって、私が知らなければ、ないのと同じですね。だけれども、私は知らなかったけど、やっぱり位はあったわけでしょう。そういうことなんです。

ものがあっても、それはないと同じで、ないということも、あると同じだ。それを繰り返していきます。そういうふうに反対側、裏側から繰り返して言うところが、仏教の非常に

天台寺晋山式の行列（昭和六十二年五月五日）

うまいところだと思います。

「受想行識《じゅそうぎょうしき》」、これはもう説明しました。「亦復如是《やくぶにょぜ》」。「亦《やく》」は「また」ということ。それもまた同じだ、という意味です。前に言った説明を、もう一回、丁寧に書いてあるわけですね。われわれがなかなかわからないと思ったからでしょう。調子がついてきているから、とても覚えやすいじゃないですか。内容は、同じことの繰り返しです。

五　諸法《しょほう》は空相《くうそう》なり――因、縁、果

天台寺の晋山式は大変な賑わいでした。浄法寺町が町ぐるみでやってくれて、たくさんの人が来てくれて、てんやわんや。一万二千人って新聞に出てたけれど、私の感じではもっと多かったと思う。これなら何とか復興できそうだと思いました。

前にもちょっとお話ししたけれど、代々の住職が早く亡くなったり、病気になったりしているんです。私はどうなったところでかまわないけれど、引き受けたからには、復興できるまでは頑張らなきゃならないでしょう。だから、魔を祓ってもらおうと思って、柴灯《さいとう》護摩《ごま》という護摩をたいたんです。これは羽黒山の修験者十五人に来てもらって、古式に則った形でたいてもらいました。本来は真夜中にやるものですが、特別に朝、青空の下でやってもらいました。太いナラの丸太を櫓《やぐら》に組んで、その中で、皆さんに書いてもらったたくさんの護摩木を燃やしました。

おもしろいのは、そのナラの木の切り口に三つ巴のような形が墨で書いてあります。雷さんの太鼓の模様です。何かと思ったら、これは水を意味するんですって。だから雷は雨を降らせるんですね。普通の護摩はたいている時に水をかけるんですよ。羽黒山の柴灯護摩は水をかけない。木に水の印があるからだそうです。

火が勢いよく燃えてくると、人間は興奮します。皆が黒山のようになって、固唾をのんで見つめているから、修験者も一生懸命。いろんな儀式があります。土壇があってその上に護摩木が組まれます。その横に笹のような木が二本立ててある。これが神のよりましの木。囲りはずっと〆縄を張ってあって普通の人は入れない。修験者はその中で、先が三叉になったような杖をもって、ぴょんぴょん跳ねるような足どりをしては、大地をとんとんと叩く。そして時々そのよりましの木を突いてみる。神さまが降りているか伺っているのだそうです。

クライマックスになると、私が願文《がんもん》を読み上げる。それは何のために護摩をたくかという、山を清め、降魔《ごうま》――魔を降ろし、参詣している皆さんの幸せと健康とを祈る、そういう願いの文です。昔からの霊山だから魔もいるでしょう、願文を読み上げて私はほんとにすっとしました。その日はほんとに快晴で、雲ひとつなかったのが、晋山式が終わったとたん、雷が鳴って雨がざーっと来ました。修験者の人たちも喜んで、神が感応なさったというんです。

こうして、魔を祓ってから、晋山式をしました。

「観自在菩薩　行深般若波羅蜜多時　照見五蘊皆空　度一切苦厄　舎利子　色不異空　空不異色　色即是空　空即是色　受想行識　亦復如是」。ずいぶん進みましたね。

今日はその次、「舎利子《しゃりし》　是諸法空相《ぜしょほうくうそう》　不生不滅《ふしょうふめつ》　不垢不浄《ふくふじょう》　不増不減《ふぞうふげん》　是故空中無《ぜこくうちゅうむ》色《しき》　無受想行識《むじゅそうぎょうしき》　無眼耳鼻舌身意《むげんにびぜつしんい》　無色声香味触法《むしきしょうこうみそくほう》　無眼界乃至無意識界《むげんかいないしむいしきかい》」。ここまでがまた一節なんです。長いです。長いけれども、同じことの繰り返しで、中身はそんなに難しいことではありません。

「舎利子《しゃりし》」は、もう知っていますね。舎利弗《しゃりほつ》、お釈迦さまの十大弟子の中で智慧第一と言われた人。観自在菩薩、観音さまが舎利弗に話をするというかたちで、このお経は始まっています。ほら、卒業式の時に、いちばん成績のいい子が皆の代表で卒業証書をもらいに行くじゃないですか。総代ですね。それだと思ってください。舎利弗がわれわれの総代として、観音さまの話を聞いているんです。

「舎利子よ、この諸々《もろもろ》の法は空相《くうそう》である」。これは、この字のとおり。「不生不滅《ふしょうふめつ》」――生ぜず滅びず、「不垢不浄《ふくふじょう》」――汚れない、清らかでもない、「不増不減《ふぞうふげん》」――増えもしなければ減りもしない。読んで字のごとくです。

この故《ゆえ》に空《くう》のなかには、色《しき》もなく、受想行識《じゅそうぎょうしき》もない。「無眼耳鼻舌身意《むげんにびぜつしんい》」、これは目も耳も鼻も舌も、身体も心もないということね。それから「無色声香味触法《むしきしょうこうみそくほう》」、目がないから物が見えないでしょう。「色《しき》」というのは物でしたね。物がない。また耳がないから聞こえない。だから声もない。鼻がないから匂わない、だから匂いもない。舌がないから味もない。身体がないから、触っても感触がない。すべてがないということですね。

そして眼界《げんかい》がない。物がないんですから眼界、見る世界というものがないですね。「乃《ない》至無意識界《しむいしきかい》」、つまり意識界、意識する世界もないということ。ない、ない、ないづくし。すべてがない。それが「空」の姿であると言っているんです。

この前に「色即是空　空即是色」を説きましたね。「色」とは何ですか。覚えているでしょう。かたち、見えるもの、現象。そう、そのとおり。私、あなた、人間、猫、木。すべてもろもろのかたちあるもの、存在するもの。それが「色」なんです。色ごとの色じゃないですから、間違わないようにね。

われわれはすぐ怒ったり、恨んだりしますね。あれが嫌い、これが嫌い、あれが欲しい、これが欲しいとか言いますけれども、それはぜんぶ「因果」ということで考えれば、解決します。しかも「因」があって「縁」が加わって「果」を結ぶんだけれども、目に見える物体はない。われわれが意識しなければ、ない。つまり、すべてわれわれの心の問題です。物はあっても心がなければ、ないと同じ。物よりも心が大事というのは、このことです。

今の日本は物さえあればいいと思って、なんでもかんでもお金を稼ぐことだけに一生懸命。お金ができたら買うことだけに夢中ね。それは限りない欲望でしょう。テレビを買った、ビデオを買った、電子レンジを買った。次はパソコンにしよう。隣が自動車を買ったから、うちも車を買おう。向こうのほうが高そうだから、今度は外車に……。本当に欲望は限りがない。

戦争のあとなんて、何を着ていたってよかった。皆焼け出されて何もなかった。それがだんだん、「こんな恰好じゃ恥ずかしい」「スーツがいるわ」「PTAに行くには着物がいるわ」。ニッケルの指輪でもよかったのが「ルビーがいいわ」「ダイヤでないと、この歳ではおかしいわ」というふうになるでしょう。どんどん欲望が増えていくんですね。

でも、そんなものは、なくてもいいんです。指に何か巻きたかったら、こよりでも巻いておけばいい（笑）。こよりもダイヤも変わらないんです。こよりも、自分がダイヤだと思ったら、それはダイヤなんですね。宝石屋が、「これは本当のダイヤでございますよ。カットがすばらしゅうございましょ。お買い得ですよ」なんて言って、騙されてガラス玉を買っても、知らなきゃわからないでしょう。ガラス玉をダイヤと思っていれば、それでいいんだから。ダイヤがあるもないも同じ。自分の心の問題なんですね。

これで「空相《くうそう》」ということが、だいたいわかったでしょう。「空」というのは「無」に通じます。「空」と「無」は同じだと思っていいですね。だから「不生不滅《ふしょうふめつ》」、生じもしなければ滅しもしない、と続きますが、これは納得がいきにくい。

水上勉さんも『般若心経』という本を書いてますけども、「これは、わからない」と言っています。生じもしない、滅しもしないと言ったって、やはり子供が生まれるということは、生ずるじゃないか。人が死ぬということは、滅するじゃないか。花が咲くというのは生ずることだし、花が散るのは滅することじゃないか。こんなのは納得しない、と言わ

柴灯護摩の炎

れます。私たちもそう思いますね。「不垢不浄《ふくふじょう》」も納得しない。垢がつかないといっても、お風呂に三日入らなかったら、垢がついて臭くなるじゃないですか。「不増不減《ふぞうふげん》」、増えも減りもしないというんだけれども、そんなことはない。桶に水を汲んであって、それを飲めばやっぱり減るし、もう一度水を足せば、増えますよね。だけれどもそれは、増えたと思う、減ったと思うのであって、本当は増えてもいないし減ってもいないというのが、『般若心経』の思想なんです。

こうなったらなぞなぞみたいで、なかなかわからないですね。でも、しばらくの間、辛抱しましょう。

「是故空中無色《ぜこくうちゅうむしき》」——この故《ゆえ》に「空」の中には色もなく、「受想行識」——それを認識することもない。「眼耳鼻舌身意《げんにびぜつしんい》」、これは六根《ろっこん》ですね。目、耳、鼻、舌、身体、意識。人間を構成しているものでしょう。それらもすべて「ない」。目で見なければ色がない。物がないということです。さっき言いましたね。声も匂いも味も感触もない。匂いについては、私は実感したことがあるんです。

と言うのは、円地文子さんが『源氏物語』を書いていた時、同じアパートでずっと暮らしたことがあるんです。一緒にご飯も食べたりしました。先生は最後は目がとても悪くて、ほとんど見えなかったんですが、その前、まだお元気だった時分に、きれいなお花が差し入れられたんです。「先生、いいお花の匂いがしますね。すてきな花ですね」と言ったら、「あらそう？　私鼻がきかないから、わからないの」。それまで知らなかったんだけれど、年を取って衰える現象の中に、鼻がダメになるのが、あるそうですね。円地さんは目も悪くなったけど、それより先に鼻がダメだったんです。だから、香水もあまり好きじゃなかった。いい香水をもらったって、匂わないんですもの。嬉しくないわけです。人間の体が衰えていくと、そういうこともあるんだなと、その時、私はちょっとわびしく感じたものでした。

花があっても匂わなくて、やがて目も見えなくなれば、花はないのと同じですね。それから、耳の聞こえない人もいるでしょう。その人たちにとっては、世の中に音はない。要するに物や音や匂いがあっても、あるいは見たり聞いたり嗅いだりしても、それを受けとめ、意識することがなければ、ないと同じだということ。つまり何にもない。そんなに何にもなかったら、非常に虚しくてつまらなくて、「生きていたって、しょうがないじゃない。もう早く死にましょう」と思いたくなりますね。

けれども、お経はそういうことを言っているのではありません。ここで「ない」というのは、今までずっと説いてきた「色即是空」のことなんです。それを繰り返している。すなわち、心の働きという「縁」が加わらなければ、この世のすべてのものはないと同じ。そう認識すれば、そういうものに執着するのはバカらしいじゃないか、ということです。

われわれが悩むのは、物や心に執着するからです。「このダイヤは絶対に手放したくない」とか「あの人の心を繋ぎとめておきたい」、「自分の息子は大きくなっても私のものだ、嫁さんにはやらない」とか「結婚したら私のものだ、お姑さんには口出しさせない」――なんて、もろもろの執着イコール人間の煩悩、それが争いのもとになるでしょう。お金だって、今は株が上がって機嫌がいいかもしれないけど、そのうち一気に下がるかもしれない。上がっている時は嬉しがって、下がるとウワッと落ち込むでしょう。それも結局、執着があるから。執着イコール煩悩。

けれども「株なんて上がったり下がったりするんだ。だから、ないも同じだ。お金も、ないと同じなんだ」というふうに思えば、そこから心が解き放たれるではありませんか。そういうことを教えている。そう解釈しましょう。そうでなかったら「何にもない」なんて、すごくわびしくて、生きる意欲がそがれてしまう。

お釈迦さまは、「この世は苦しみだ」ということばかり、繰り返しおっしゃったんですね。この前お話しした四苦八苦のことです。生きていることは苦しみだと。じゃ、その苦しいことばかりの世の中に、なんでわれわれは生きなきゃならないのかと思うでしょう。

でもお釈迦さまは、八十年生きて、そのうち四十五年を説法して歩いて、そしてとうとう亡くなる時に何て言ったかというと、「この世は美しい、人の世は甘美である」。そうおっしゃったんです。この世は四苦八苦の苦しみがあって、いろいろ心に満たないことも多く、常に悩みに取り囲まれているけれども、やはりこの世は生きるに足る美しい世界であり、そして人の心というものは、甘く優しいものだ。そういう喜びがあるということを、お釈迦さまはおっしゃいました。

お釈迦さまほどの人ですから、もうこの世からおさらばすれば、あの世で永遠の涅槃《ねはん》に入るのだし、そっちのほうを喜びそうなものでしょう。ところが、そう言ってこの世に名残を惜しまれた。そういうのが、お釈迦さまの非常に人間的なところです。決してこの世に絶望していないのね。「この世は苦の世界で、本当に虚しくて、あると思うものもないんだよ」と言いながら、それでも生きるに足りる世界である、という解釈が、お釈迦さまの中にはあったようです。

そしてお釈迦さまは、この虚しい、本当に実体がないような世界にいても、やはり一瞬一瞬を一生懸命に生きることが、われわれの生き方であるということを、教えているんだと思います。『般若心経』には、そうは書いてありませんが、私はそう思う。でないと、何にもないない……、「ないない経」で、こんなのつまらない、ということになってしまうでしょう。

とにかく煩悩を消し、抜苦《ばっく》する——苦しみから抜けるには、どうしたらいいか。「われわれが執着するものは、無であるのだから、そんなにジタバタ執着しなさんな」ということです。ですから、亭主が浮気して、よその女に引っ掛かって帰ってこない。「こんちくしょう。どっちを殺してやろうか」って気になるけど、これは仮の世の中で、あの女もない、亭主もない、私もないんだと思えば、「お芋でも食べて寝よう」ということになるんです（笑）。カッカしたって、しょうがないじゃないか。そういうことですね。

「諸法《しょほう》」の「法」という字。これを見たら、われわれは法律と思うでしょう。でも仏教でいうところの「法」は、法律じゃない。これは宇宙を司る理法。何か難しいですね。だけれども宇宙というものが、われわれの力じゃないもので動いているということは、認めるでしょう。空は青いし、日は照るし、雨は降ってはやむし、日本なんかはちゃんと四季のめぐりもあって、それぞれに花が咲いたり散ったり、雪が降ったりする。これは宇宙の理法ね。われわれの力でやっているんじゃない。これが「法」の一つの意味です。

同時に、その理法によって支えられている森羅万象《しんらばんしょう》、これも「法」と言います。森羅万象は、すべてのものという意味ですね。山がある、木がある、壁がある、障子がある、あなたたちがいる、私がいる。このすべて。自然界、人間界、動物界、そのすべてを森羅万象と言います。ですから仏教の「法」は、とても深い意味を持っているんです。それで仏教のことを「法《のり》の教え」とも言いますよ。

「法《のり》」――森羅万象は、あらゆる存在するものを指すんです。というと、皆さんもうわかるでしょう。存在するもの、それは「色」でしたね。その「色」は「色即是空」でしょう。「色」、すなわち森羅万象すべては「空なるものだ」と、私たちは今まで『般若心経』で教えられてきています。「諸法は空相だ」というのは、つまり言葉を変えて、「色即是空」をもう一回言っていることになりますね。長く言っているけれども、内容は同じことなんです。

わかりやすく言えば、仏教では「諸行無常」ということを教えますね。すべてのものは移ろう、永遠はない、と。私がよく言うことですが、今日は元気と思ったって、明日には生きているかどうかわからない。だからお互いに、よく顔を見ておいてくださいね。明日には私の死亡広告が出るかもしれませんよ（笑）。

すべてのものは、移ろう。心も移ろう。今「愛してるわ」なんて思っても、そんなのはもたない。カッカするのは一年、ちょっともちがよくて二年、三年経てばもう惰性しかない（笑）。また、今どんなに若く美しい娘でも、やはり必ず年を取ってしわくちゃのお婆さんになります。そして行きつく果ては、死です。皆平等に死んでゆく。そうやって考えると、生きていてもつまらないような気がするけれども、さっき言ったように、そうは取らないでね。もう少し読み進むと、もうちょっと楽しいことが出てくるかもしれないから、来月も辛抱して聞きに来てください。

この無常感というのが、日本人は昔からとても好きなんですね。『般若心経』とか、仏教の思想が、日常生活に染み込んでいたんです。何かわれわれの血の中にも、そういうものが入っているんでしょうね。ですから、歌なんかにも、ずいぶん読まれています。わかりやすい歌を、いくつか拾ってみました。これは藤原《ふじわらの》俊成《しゅんぜい》の歌です。

「春の花　秋の紅葉の散るを見よ　色は虚しきものにてありけり」

この色は、四季ですね。森羅万象、それはすべて虚しいものだという、非常にわかりやすい歌。

こういう仏教そのものの歌は、だいたいお説教臭くて面白くない。西行はさすがに、

「なにごとも　虚しく祈りの心にて　罪ある身とも　いまは思わず」

これは便利ね。「私は悪いことをいっぱいしましたけれども、すべてが虚しいんだから、自分が罪ある身だとも、今は思いません」という。ちょっと上手な言い訳になりますね。

道元の歌は、

「春は花　夏ほととぎす　秋は月　冬雪さえて涼しかりけり」

というのがあり、川端康成さんがノーベル賞受賞式典の講演で冒頭にこの歌を挙げています。

良寛の歌は、道元の歌をもじっていて、

「形見とて何か残さん　春は花　山ほととぎす　秋は紅葉」

非常に美しいでしょう。形見に何をこの世に残そうか、春は花――きれいでしょう。山ほととぎす、秋は紅葉。これはすべて「空」ですよね。だけど良寛は、その無なることを知っている。知っているけれども、それはその場で「美しいと見ましょう」という心であると私は読みます。

いろは歌はこのことを歌っています。

「色は匂へとちりぬるを　わか世たれそ常ならむ　うゐの奥山けふこえて　あさき夢みし酔ひもせす」

万物は一時も同じ形でなく流転するということを、ギリシャ人はパンタライということばで早くからあらわしています。

それでは今日はここまでにしましょう。

六　無明《むみょう》——十二縁起の悟り

今日は「無無明《むむみょう》　亦無無明尽《やくむむみょうじん》　乃至無老死《ないしむろうし》　亦無老死尽《やくむろうしじん》」まで進みましょう。大変に短い部分ですけれども、ここを説明するために、あとでお釈迦さまのことを、もう少しお話ししましょう。

さて、これまで「五蘊皆空《ごうんかいくう》」ということを皆さんと勉強してきました。物や現象があっても、それを認識する心の働きがなければ、ないと同じことだということでしたね。皆さんが今日ここへ来る時に、たぶん電車に乗ったと思います。隣にどんな人が乗っていたか、覚えていますか。ほとんど覚えてないでしょう。特に関心がなければ、その人を覚えていない。けれど「その人」という「もの」はあった。あったけれども、それを皆さんが意識しなければ――いい男だとも、いい服を着てるとも意識しなければ、「ない」と同じなんです。木があっても、「あそこに木があるな」「青葉がきれいだな」「風が吹いていて揺れてるな」と、私たちが見て認識しないうちは、「ない」と同じ。こういうことを仏教では言います。

そういう意味では、仏教というのは非常に哲学的なんですね。『般若心経』は字数にしたらとても短いお経ですが、仏教の深遠なところをまとめて教えている。ですから解釈のしかたもたくさんあって、大変難しいんですけれど、それだけ勉強する価値がありますので、一生懸命やっていきましょう。

とにかく仏教でいちばん大事なのは、心。心がなければ、すべてがないと考えます。「無無明《むむみょう》　亦無無明尽《やくむむみょうじん》」の「無明《むみょう》」というのは、その心が無明、明かりがないという意味。心が真っ暗、つまり考えがない、思慮判断ができないということ。われわれの心が初めから真っ暗だというのは、『般若心経』ではなくて、その前の仏教の考え方です。人間の心は真っ暗で、迷いがいっぱいだと考えています。だから、「無明」は「迷い」と言ってもいいし、「煩悩」でもいいんです。

われわれの「煩悩」はたくさんあるでしょう。着たい、食べたい、遊びたい、偉くなりたい、よその人にほめられたい、出世したい。いろんな煩悩がありますね。人間の持つ煩悩は百八つとも、八万四千とも言います。これは数が多いということね。インド人は数字が大好きで、三千とか八万とか五十六億とか、すぐに数を言いたがるんですが、それは私たちが数学で勘定する数とは違うんです。無数にある、という時にだいたい数をつかいます。

したがって、われわれの心の中には無数の煩悩がある。その中でいちばん強い煩悩、われわれが抗しがたい煩悩というのは、何だと思いますか。……生老病死《しょうろうびょうし》が怖いということ？　それもあるけれども、もっと卑近なことです。実は、惚れたはれたの煩悩がいちばん辛い。「あの人を好きになった。それなのにあの人は好きになってくれない」「亭主がまた外に女をつくった」。そういう愛情の苦しみ、迷いがいちばん大きいと、仏教では言っています。その仏教で言う愛情には、二つあるんですね。今言った、苦しくてしょうがない愛情のことを、「渇愛《かつあい》」と言います。

われわれは、男も女も凡夫なんです。「夫」と書きますが、女でもそう言います。凡夫――バカな人間ということですね。われわれは死ぬまで凡夫。凡夫の愛は「渇愛」なんです。

これは、ちょうど喉が渇いた時に「もっとお水をちょうだい」と言うのと同じように、「もっと愛してちょうだい、もっと愛してちょうだい」って、欲しくてしょうがないという愛情。しかも「私はあなたに十の愛情をあげたから、あなたは私に十二の愛情をちょうだい」とか、「あなたにネクタイをあげたから、私にはグッチのハンドバッグをちょうだい」とか、プラスアルファつまり利子がつかないと気に入らない、機嫌の悪い愛です。それが「渇愛」。

これに対して、仏教ではもう一つの愛を設定します。それを「慈悲《じひ》」と言います。慈悲は、無償の愛、報酬を求めない愛ですね。これは私たち凡夫には、とうていできない。われわれは何かしてあげたら、お返しが欲しいでしょう。「これだけしてやったのに、返してくれない」というのも、われわれの煩悩のいちばん大きいものの一つです。

「私はお姑さんの誕生日ごとに、惜しいけどプレゼントしてあげてるわ。だのにお姑さんは何にもくれない」って、腹が立つのが私たち。子供に対しても、「私はあの子を大学へ入れるために、自分が欲しいものも我慢したわ。夜の夜中も起きて、夜食をつくってやった。それなのに大学を出て一人前になるかならないかで、もう女の子連れてきて、ババ抜きだなんて」。そうすると、もうカッとなる。それが、われわれの渇愛ですね。

ところが「慈悲」は、そういうケチなことは言わない。もう、あげっぱなしの愛です。「隣に今日はおはぎをあげたわ。明日お寿司がくるかしら」なんて思わない。「あんなに喜ぶんだもの、また明日は、クッキーを焼いて持って行ってあげましょう」という、あげっぱなしの愛ですね。こんなこと、なかなかできません、口で言うのは簡単ですけれども。でも、こんな愛がある。どこにあるんでしょう？　それは「神さま、仏さまの愛」です。

神さまや仏さまは、私たちに「何々してやったから、お返しをくれ」なんて、そんなケチなことは言いません。「お前のできの悪い子供を大学に入れてやったんだから、一万円よこせ」なんて、絶対に言わない。「水子の供養をしてあげるから、三十万出しなさい」なんて、あれはもう商売。ただ祈ってあげる、心配してあげる、思ってあげるというのが、本当の慈悲です。

キリスト教では、渇愛を「エロスの愛」と言いますね。慈悲のほうは「アガペーの愛」です。そんなふうに、あらゆる宗教で、渇愛と慈悲に当たるものがあります。

「無明」にもどりますが、この言葉が初めて使われたのはいつかといいますと、お釈迦さまが悟りを開いた時です。私たちは簡単に「お釈迦さん、お釈迦さん」と言っていますけれど、釈迦というのは、この方の名前ではないんです。

インドの北のほう、ヒマラヤの麓に、ネパールという細い帯みたいな国があるでしょう。そのネパールにターライという盆地があるんですが、二千五百年ほど前、ターライ盆地にシャカ族という種族が住んでいました。シャカ族、サーキヤ族、あるいはサカ族と、読み方はいろいろあるんですけど、とにかくその種族は非常に勇敢で頭がよく、努力家であったと、これはお釈迦さまが言っています。自分の種族のことを自慢している。お釈迦さまでも自慢する。普通の人と同じですね。お釈迦さまは、そのシャカ族の国の王子として生まれました。

ですからシャカ族の人、それも大変尊い人、立派な人という意味で、シャカムニといいます。それに漢字を当てて「釈迦牟尼」。さらにもっと縮めてシャカ族の尊い人、尊者だから「釈尊《しゃくそん》」ともいいますね。これは、お釈迦さまの固有名詞ではないわけです。瀬戸内晴美とか瀬戸内寂聴とかいうのとは、違うんですね。アダ名みたいなものです。

では、お釈迦さまには本当の名前はないのかというと、ちゃんとあります。「ゴータマ」というのが姓ですね。「ゴータマ」はゴット牛という意味で、大きな牛のこと。インドでは牛をとっても大事にします。絶対に食べたりしないし、牛皮の靴を履いて行ったら、必ずお寺では裸足にさせられます。銀座みたいな町を牛がのそのそ歩いていると、電車も人もみんな止って牛さまのお通りを邪魔しない。牛がいちばんいばっています。大きな牛、尊い牛、強い牛という意味の「ゴータマ」が、お釈迦さまの姓ですね。

そのゴータマが悟りを開く。悟りを開いた人のことを、サンスクリットで「ブッダ」と言うんです。漢字で「仏陀」。日本人は仏陀という字を見ただけで、即、お釈迦さまを思い浮かべますが、もともと古代インドの言葉で悟りを開いた人、目覚めた人を指します。だから仏陀は一人ではないんですね。あなたたちも悟りを開いたら、たとえば田中さんなら「田中仏陀」、鈴木さんなら「鈴木仏陀」になる。悟りを開いたと認められたら、「仏陀」がつくんです。お釈迦さまはゴータマさんという名前だったから、「ゴータマ・ブッダ」と言ったんです。

お釈迦さまは、ちょうど千葉県ぐらいの小さな国の王子として生まれたわけですが、生まれてすぐにお母さんに死に別れるという、かわいそうな赤ちゃんだったんですね。そのせいか、この坊やは非常に感じやすい、メランコリックな少年に育ちます。それをお父さんがとっても心配した。なにしろ、この子が生まれた時にアシタ仙人という仙人が来て、「この方はこのままいけば、将来は大変立派な王さまになります。けれども、もしも王さまにならなかったら、世界中の人々の悩みを救う尊い人になります」と占っていたんですね。つまり、出家して偉いお坊さんになるでしょう、と言ったんです。

　お父さんにしてみれば、そんなものになって欲しくない。小さいといえども、自分は一国一城の主ですから、王子にその後を継いでもらいたい。そこで、なるべくお釈迦さまが勇ましい少年に育つように、坊主くさくならないようにと思って、一生懸命に陽気に育てようとします。自分がしてもらったら嬉しいと思うことを、みんなしてあげるんです。いい着物を着せたり、お酒を飲ませたり、ご馳走を食べさせたり、女をいっぱいあてがったり。でも、この憂鬱な少年は、なかなかそれを喜ばない。

　それでも若い頃は、与えられた快楽は一応全部味わっているんですよ。お釈迦さまがずっと後に語ったというかたちで、「自分は下着までカーシー産の絹しか身につけなかった」と書いてあります。カーシーは今のベナレスのことで、インドの中でも素晴らしい絹の産地です。日本で言えば、西陣の絹でもって作ったパンツを履いてた――そんなのゴワゴワしてイヤですけれども（笑）、そういう感じね。今なら、パリの下着とかニューヨークの下着を着ている男の子を想像してください。まあ、キザでイヤですね（笑）。

　けれども彼は、そういう快楽では嬉しくならなかった。それでいつも、人間はいったい何のために生まれてきたんだろう、などということを考えているんですね。その頃の話に

「四門出遊《しもんしゅつゆう》」というのがあります。私もこの昔の城跡に行ってきましたが、本当に小っちゃなところで、今はなにもない田舎なんですよ。それでも、その当時のお城の跡が発掘してあって、ここが四門の北の門、東の門というふうに跡があるんです。

ある日、お釈迦さまが輿《こし》に乗って東の門から出て行くと、年寄りのきたない男がヨレヨレになって歩いている。「あれは何だ」と聞くと、「年寄りでございます」と家来が答えました。お釈迦さまは、それまで年寄りを見たことがなかった。そんなバカな……(笑)。十六、七にもなって、年寄りを初めて見たなんて考えられないけれども、そういうふうに書いてあるんです。これはまあ伝記ですから。それでショックを受け、遊びに行くのはやめて、そのまま帰ってきた。

しばらくして、今度は南の門から出て行くと、脂汗をたらしてガチガチ震えている人がいる。「あれは何だ」「あれは病人でございます。熱病で大変に苦しんでいるんです」と言うのね。人間は病気をする。それを目のあたりに見て、またお釈迦さまはびっくりして帰ってくるんです。そして次は西の門から出ますね。そうすると、人々が痩せさらばえた人間を戸板に乗せて担いで行った。「あれは何だ」「死人でございます。今朝死んだ人間を、これから焼きに行くところでございます」。それで人間は死ぬんだって、震え上がって帰ってきます。もうショックばかり受けている。気立ての優しい人ですから。

　こうして彼は、どんな人間もやがては必ず老人になる。今はこんなに元気でも、人間は病気になって苦しむ。それからまた、どんなことがあっても人間は死ぬ——ということを知ります。生老病死、人間にはその四つの苦しみがあることを知ったのね。

　そして最後に、ただ一つ残された北の門から出て行きました。すると、そこには非常に気高い顔をした男が、托鉢のお椀を持って立っていた。「あれは何か」「あれは出家者でございます」。それでお釈迦さまは、人間は出家をしたら、ああいうふうに心の穏やかな、平和な美しい顔になるんだなということを知るんですね。そして自分も僧侶になりたいと思った——と、話が続く。非常によくできた話ですけれども、あんまりうまくできすぎていて、小説としては通俗な気がします。

　さて、こんな話が後々に作られるぐらい、彼は何を悩んでいたのでしょう。人間はどこから生まれてくるのか。何のために生まれてくるのか。なぜ老いるのか、病気をするのか、死ぬのか。自分で望んで生まれてきたわけでもないのに、この苦しみだらけの世の中を、「死」に向かって生きなければならないのか。これはどうしたわけだろう。また、死んだあとはいったいどうなるんだろう。

こういうことを、お釈迦さまは非常に悩んだ。けれど自分のためではなく、人類すべての問題として考えた。それは人間はいずこより来たりていずこへ去るかという、大変哲学的な悩みなんですね。あらゆる人が同じように悩むだろうと思い、その人間すべての苦しみを解決するためには、どうしたらいいだろうかと、お釈迦さまは考えました。

こうして家を捨て、家族を捨てて出家し、苦行林に入って苦しい修行をするわけです。けれども六年苦行を続けても答えが見つからないので、これは方法が間違っているのではないかと思う。こういうところは、お釈迦さまって科学的なんですよ。そこで苦行林を出ます。それを、同じように苦行林で修行をしていた仲間たちは、彼は堕落したのだと思ってバカにしました。

次にお釈迦さまは、河のほとりの美しい林で静かに座禅をして、七日経った翌朝、暁の明星が輝いた瞬間に悟ったということになっています。つまり仏陀になったんですね。この日のことを「成道《じょうどう》」と言います。十二月八日と言われていますね。お釈迦さまの生まれた日は四月八日でしょう。花まつりですね。涅槃《ねはん》に入った日、死んだ日が二月十五日。この三つがお釈迦さまの大切な日です。禅宗のお寺などでは十二月八日に、臘八接心《ろうはちせっしん》という大変な座禅をします。

このお釈迦さまが悟った瞬間に、仏教というものがかたちづくられたわけですが、これはあくまで心の中に成就したのであって、人にしゃべることがなければ、お釈迦さま一人だけのものでしょう。最初お釈迦さまは、自分がこんなに苦しんでやっと得た難しい悟りを、常々そういうことについて考えていない人に言ったってわかってくれない、と思いました。だから、ようやく得たこの喜びを、自分一人でしばらく持っていようと考えた。

そこへ梵天《ぼんてん》という神が出てきます。日本の天照大神《あまてらすおおみかみ》を男にしたみたいな、インドのいちばん偉い神様です。その梵天が、

「お釈迦さん、お釈迦さん、そんなふうに一人で楽しんでないで、あなたが得た素晴らしい悟りを、衆生のために教えてやってください」

とお願いしました。これを梵天勧請《かんじょう》と言います。そこでお釈迦さまが「そうか、自分一人で楽しんじゃいけない」と反省して、皆に教えを広める決心をして、菩提樹の下から立ち上がるんです。

お釈迦さまが悟りを開いた——仏陀になった土地をブッダガヤ、その下で悟りを開いた木を菩提樹と、のちに呼ぶようになりました。

お釈迦さまがずっと歩いて行って、サルナート（鹿野苑《ろくやおん》）まで来ると、そこに五人の修

行僧がいました。彼らは苦行林で一緒に修行をしていた人たちなんですが、お釈迦さまはこんな苦行はもうイヤだと言って出て行ったあと、何か美味しいもの食べて楽をしたらしいなんて、噂が入っているんです。ですから、お釈迦さまが向こうからやってくるのを見つけると、五人はコソコソと「あそこに来るのはゴータマじゃないか」「前は真面目そうにしてたけど、あいつは堕落したんだ」「あんなやつが来ても、相手にしないで知らん顔してようじゃないか」って相談します。これが、人生とは何か、人間はどこから来て、どこへ行くのか、そんな深遠なことを一生懸命考えている修行僧の言うことでしょうかね(笑)。

そこへお釈迦さまがスッと歩いてきた。すると、そういうくだらない約束をしていた五人が、思わず立ち上がって、合掌して拝んでしまった。ということは、ゴータマが悟りを開いた人の持つ神々しさに輝いていたんですね。その威厳に打たれて、五人は思わず立ち上がっておじぎをしてしまった。もうしかたがない。負けでしょう。それでテレ臭いから、五人のうちの一人が「いや、ゴータマ君、お久しぶり」と声をかけました。

そうしたらお釈迦さまは「ゴータマなんて言ってもらいますまい」と言ったというんです。「私は悟りを開いた者、覚者である。仏陀である。気安くゴータマ君なんて言ってくれるな」。それもおかしいと思いますね。悟りを開いた立派な人が、そんなことにこだわるなんて。ゴータマ君でもオータマ君でも、いいじゃないですか（笑）。でも仏伝にそう書いてあるんです。ですからそれは、その程度の人があとで書いたということなのでしょうね。

とにかく、お釈迦さまは「まあ、私の話を聞きなさい」と、そこで初めて自分が何を悟ったかということを、お話ししました。初めて説教したのを、初転法輪《しょてんほうりん》と言うのでしたね。法の輪とは仏法。仏法を大きな車の輪にたとえ、その車の輪を回したということです。この瞬間に、仏教というものが成立しました。

それで、その悟りとは何かということが問題ですね。もう覚えましたか。「因縁」ということ――因果の法則を悟った。十二因縁とも、十二支縁起とも言います。その「因果の法則」のいちばん最初、ここに「無明《むみょう》」が出てきます。なぜ私が長々とお釈迦さまの話をしたかというと、この「無明」を言いたかったからなのです。

十二の因縁の話は、もう耳にタコができるくらい聞かされましたね。仏教でいう「因縁」は、非常に科学的で論理的な考え方です。われわれの回りのすべてのできごと、すべての物質には「因」、原因があって、それに「縁」という作用が加わる。そうするとその結果、「果」というものが起こる。

ですからこの頃、

「あなたのところはよく病気をする。ご主人がクビになった。坊ちゃんがケガをした。これは先祖の因縁が悪くて、そのたたりがあなたたちにきているんです。先祖の霊を祀りなさい。いい霊がつくように拝んであげます」

なんて言って、大変なお金を取っていくのがありますけれども、それはウソなんです。ここにもずいぶん相談にくるんですよ。中には三千万円も取られた人がいる。人間は心が弱っている時には、親切そうにいろいろ言われたり、おどかされたりすると、簡単に騙される。また、そういう商売を手伝ってる若い女の子たちなんかは、完全に洗脳されていて、自分では悪いことしていると思っていない、むしろ迷える人間を救っていると思い込んでいるから困るんです。だから、これは皆さんもよく聞いておいてくださいね。そういうたたりなんかは、絶対にないんです。

人間は死んだら仏さまになるでしょう。仏さまというのは、決して生きている者をいじめたりしない。あなたたちのご先祖は、生きている時は少々意地悪をしても、死んで仏さまになれば自分の息子や娘にたたったりしません。よりよくなれと、祈っていてくれてるんですよ。

ただ、われわれがダメだから、人生いろいろとうまくいかないことがある。けれども病気ひとつとったって、必ず「因」があるんです。カゼをひいてフーフー言ってる人も、よく考えてみたら、お腹を出して寝ていたとか、寒いのに薄着をしていたとか、汗をかいたまま着替えなかったとか、何かしら原因があります。

亭主が外に若い女をつくって、毎晩帰ってこない。「本当にけしからん」って腹が立つけど、じっと考えてごらんなさい。昔は渇愛でカッカして結婚したけれども、五年経ち、十年経つうちに、だんだんどうでもよくなって、好きなものも作ってあげなければ、アイロンもキチッとかけてあげない。夜も背中向けて寝てる。そうやって手抜きしてるから、彼は優しくしてくれる若い女の子のほうへ行ってしまうんですね。必ず原因がある。中には悪い亭主がいて、どんなにいい奥さんでもそういうことをする人がいますけれども、それは縁なき衆生だと思ってさっさと別れたほうがいい（笑）。

「因」があって、それに「縁」が添って、必ず「果」が出るんです。ものごとは全部そう。この世のことは、すべてそうなんですね。それをお釈迦さまは発見した。そんな発見するほどのことはないけれども、でもそう言われなければ、われわれは気がつかないでしょう。

晋山式の散華。花びらが舞う

運が悪いんだとか、そういうふうに考える。

私たちが生きている間には、いろんなことがあります。その生きている間に起こることを十二の因縁に設定するのが「十二因縁」、または「十二支縁起」です。そして、いちばん最初が「無明」。無知、迷いの根本、われわれの煩悩の根本。それが「無明」ですね。

次は「行《ぎょう》」です。これはわれわれの身口意《しんくい》、身体と口と心で起こすあらゆる潜在的な形成力、要するに人間が起こすすべての作用、生活の上に起こるもろもろのことと考えてください。われわれの身体、しゃべる口、心、それによっていろいろなことが起こるでしょう。隣の奥さんとケンカしたり、買い物に行って値切ってみたり、PTAで演説したり、そういうことのすべてです。三番目は「識《しき》」。識別すること、われわれが考えることですね。あの人は悪いとか、この人はいいとか、あの学校はうちの子には無理だとか、ここなら通るとか。心の働き、判断力です。その次が「名色《みょうしき》」。これは精神と肉体ということ。仏教で言う「色」は、もののことだったでしょう。これに対して、「名」は精神のほうです。

それから五番目が「六入《ろくにゅう》」。「眼耳鼻舌身意」――身は身体、意は心ですが、この六つを「六根《ろっこん》」とも言いますね。「六入」も同じ意味です。その「六根」が作用するものを

「六境《ろくきょう》」と言います。つまり「色声香味触法」。眼がものを見るから色、耳が聞く場合は声を聞く、そして鼻が匂いを嗅ぐから香り、舌が味わうから味、身体は触らなくちゃわからないから触、心は法――決まりというものになるんですね。「六根」と「六境」を合わせて「十二処」。その他に「六識」といって「眼」から「意」までの世界、「眼界乃至意識界」というのがあります。

「六入」の次は「触《そく》」。「六根」とその対象である「六境」が接触すること、と言うと難しいけれども、つまりは触るということです。次が「受《じゅ》」で受けること、感受作用ですね。触って感受する。八番目が「愛《あい》」で、九番目が「取《しゅ》」。

触って感受するということは、そこに愛が芽生えるんですね。人間で言えば、そこにハナコさんがいる。だけど、ただいるだけでは、何も起こらないんです。まず「ハナコさんがいるな」と「無明」の心で見ますね。そして「あっ、ハナコさんは美人だな。なかなか優しそうだし、色っぽい」なんて「識」――認識するでしょう。すると「六根」でもって、目で「きれいだな」、耳で「すてきな声だ」、鼻で「いい匂いだな」……と感じる。結局触りたくなって、ちょっと「触」ってみますね。「ああ、柔らかくて気持ちいい」って思うと、なんか好きになっちゃう。「愛」が芽生えます。愛が芽生えると、人間は「取」といって、そのものが欲しくなるんです。

ニューヨークにティファニーって、すごい宝石屋さんがあるでしょう。ステキな宝石がいっぱい並んでいるので、ただウィンドーの前を通るだけでも興奮します。腕輪でも指輪でも見たり触ったりすると、「このデザインがステキ。欲しいわ」と思う。愛と執着が生まれます。お金もないのに「欲しいわ、欲しいわ」なんて、これはもう妄執ですね。だったら始めから見なきゃいいんだけれども、見たら結局は執着するでしょう。それでいろいろ問題が起こる。人間が悩むことは全部、執着なんですね。「愛すれば執する」と言って、好きになれば欲しくなる、手に入れたくなる、独占したくなる。だから愛さなければ、見なければいいんですけれども。

お釈迦さまの弟子に、阿難――アーナンダという人がいます。お釈迦さまの従兄弟ですが、息子ぐらいの年の若い従兄弟で、大変な美男子だったんですね。托鉢に行きますと、町中の女が彼を好きになって、追っかけてくる。でも阿難は「女と触れちゃいけない」とお釈迦さまにいつも言われているから、逃げて帰ります。そして「女が追っかけてくるんですけれども、どういたしましょう」と相談すると、お釈迦さまは「見るな」と言う。

それはなぜか。つまり見たら阿難の「無明」が、モゾモゾとうごくわけ。心を動かされて、きれいだなとか、触りたいとか、美味しそうだとか、そういう感じが起こるでしょう。だから「見るな」と。「見るな」と言ったって、しょうがないですよね。向こうがくるんですもの。要するに「見るな」ということは、もう関わるな、目をふさぎなさいってこと。見てしまい、聞いてしまい、嗅いでしまい、「六根」を動かして対象に「触」すれば、そこに「愛」が生まれて、それを「取」りたくなるんですね。

十番目は「有《ゆう》」ですが、これは「取」りたくなって取ったということです。ハナコさんとタロウさんが会って、お互いに見て、嗅いで、触って、好きになって、そこで二人は結婚する。結婚しないまでも、とにかくセックスをする。すると子供が生まれますね。そこから生命が生じます。だから十一番目は「生《しょう》」。その生まれた生命が育って、やがて最後の十二番目「老死《ろうし》」が訪れます。老人になることと死ぬこと。これは人間のさまざまな苦の代表なんですね。

わかりましたか。いちばん最初に「無明」がある。まずダメな心があるんです。それから身口意によっていろいろな事件が起こること、「行」があります。三番目が「識」。認識する心の働きね。次が「名色」で、精神と肉体。そして「六入」、これは「六根」とも言います。人間の六つの感覚の器官です。その「六根」と対象になる「六境」が接触するのが「触」。電気が入ることと思ってください。プラグをコンセントに差し込むと、電気がパッとつくでしょう。

今度は電気が入ったために感受作用、「受」が起こります。この人は美しいとか、このビフテキは美味しそうだとか、それを感じる心が起こるんです。そして好きになって、欲しくなる。人間の場合は渇愛ですね。「愛」が生じたので、それを「取」りたくなる。取れば、そこに事件が起こります。男女でたとえたら、そこで二人が仲良くなるということ、セックスをするということ。そうすると必然的に子供が生まれる。「生」ですね。生まれた生命は、やがて老いて死んでいく、これが「老死」です。

こういうふうに人間が物事を考える段階を十二に分けた。これがお釈迦さまの悟り。大したこともないことを悟ったと思うでしょう。ところがこれが、結果的に大したことになるんです。悟りというのは、こういうことをだんだんに考えるんじゃなくて、パッとひらめくんでしょうね。私は悟ったことがないから、よくわからないけれども、どうも物を書いていると、そういう時がある。ずっと書いていて、ある時パッと筋が決まったり、手が走ったりするんですね。自分が書いているのか、手が書いているのか、わからないことがあります。

そういう時は悟りに近いんじゃないか、という気がします。じっと考えて考えて、何が何だかわからなくて、疲れきった時に、人間の中には潜在意識というものがありますから——仏教では「阿頼耶識《あらやしき》」と言いますが——それがパッと出てくるんだと思います。そうして出てきたものをお釈迦さまが最初の説教で話した。これが「因縁」という考え方ですね。

そしてお釈迦さまは、老死に代表される人間の苦しみをなくすには、どうすればいいかと考えました。それには、いちばん元の原因をなくせばいいでしょう。それは何かというと「無明」なんです。お釈迦さまの考えでは「十二因縁」の始まりは「無明」でしたね。すべてのことは、人間の迷いという「無明」の心から起こって、現在の苦しみがあるわけです。

私たちが現在生きているということは、お父さんとお母さんの「無明」から起こったことなんです。お父さんとお母さんが一緒にならなければ、私たちはそもそも生まれてこなかった。両親が坊さんにでもなってればよかったんだけど、こうして産んじゃった。産んでいただいたためにわれわれは苦労するわけね。でも、もう遅い。そしてあなたたちはもうすでに、また産んじゃってるでしょう。そして、その子がまた孫を産む。

結局、次から次へ人間の「無明」は尽きることなく、生まれていくんですよね。そして問題が起こる。苦しみが起こる。お釈迦さまが言ったのは、その「無明」を絶ちなさいということ。自分の真っ暗な、迷った心をなくしなさい、と。

「無明」がなくなれば「行」がなくなる、「行」がなくなれば「識」もなくなる、「識」がなくなれば「名色」もなくなる……。反対から言いましょうか。「老死」という苦しみをなくすためには、産まなければいいわけでしょう。「生」をなくすには、くっつかなければいい。「有」をなくすには、お互いを欲しなければいい。「取」をなくすには愛さなければいい。「愛」さないためには、相手がカッコいいとか、好きなタイプだわとか感服しなければいい。「触」をなくすには、目で見たり耳で聞いたり、「六入」を動かさなければいい。阿難のように、見なければいいんです。

そのためには身口意の考えを起こさなければいい。そして「行」をなくすには、バカな考えをなくせばいい。迷いや煩悩を捨てればいい。「無明」をなくせばいい。もっと簡単に言えば、「無明」があるから「老死」まで至るんですね。間を全部とばしてごらんなさい。「無明」があるから「老死」がある。だから「無明」をなくしなさい、ということをお釈迦さまは教えたんです。これが「十二因縁」ですね。

ところがこの『般若心経』では「無無明《むむみょう》」、その「無明」もないと言うんです。無明が無くばと読めば意味がとりやすくなります。私はそう読んでみました。無明も無くではなく、無明が無ければ、無明を無くし尽くすと読みましょう。

仏教には、小乗仏教と大乗仏教というのがあります。お釈迦さまが悟りを開かれてから起こった仏教を、原始仏教とも言いますが、それはずっと南のほうへ伝わって、今のスリランカ、それからタイへ行ったんです。『ビルマの竪琴』に出てくる、黄色い衣を着たお坊さんの恰好、あれは小乗仏教のスタイルです。とにかく自分が一生懸命修行をして、悟りを開くという、そういう修行のしかたが小乗仏教なんです。あるいは南に伝わったから、南方仏教とも言いますね。そしてこれは、お釈迦さまが仏教を開かれた頃の、そのまんまのものを伝えていると、彼らは考えているんです。

一方、お釈迦さまが亡くなって五百年くらい経った頃、インドの南のほうに龍樹《りゅうじゅ》という人が出ました。また世親世尊《せしんせそん》という人が出てきて、その人たちが新しい仏教を始めたんです。といっても新興仏教ではなくて、今までのだんだん形骸化してきた仏教ではダメなんじゃないか、もっと活力のある現実に即した仏教をやらなければいけない、ということを考えた。そして新しくお釈迦さまの教えを整理して立て直したんですね。それが大乗仏教です。

お釈迦さまは、ご自分が悟りを開いたけれども、ただ自分だけが悟ったらいいとはおっしゃらなかったんです。相手を見て法を説いたから、それはそういうことを言ったこともありますが、本当の仏教というのは、自分だけが幸せになるんじゃいけない。世の中のあらゆる人たち——衆生が、自分と同じように幸せにならなきゃいけないんです。すべての人たちの苦しみを抜いて、楽しみを与える——抜苦与楽《ばっくよらく》と言いますね。これをしないとダメ。比叡山の伝教大師さまは、「忘己利他《もうこりた》」という言葉を使います。「己を忘れ、他を利する」。これが本当の仏教の姿です。

自分だけが悟りを開くのではなく、自分以外の人々の苦しみをなくしてあげて、そして自分のことを忘れて他人を幸せにしてあげる努力をしましょう、それが本当の仏教の精神です、ということを言い出したのが、大乗仏教なんですね。お釈迦さまが亡くなって、ずいぶん経ってからできたんです。

その大乗仏教がヒマラヤを越えてチベットへ渡り、中国へ行きます。さらに中国から朝鮮、そして日本へ渡ってきました。ですから日本に現在ある仏教は、大乗仏教。南方仏教、すなわち小乗仏教に対して、北へ伝播していったから、大乗仏教のことを北方仏教とも言います。これから皆さんが仏教を勉強したくなって、いろいろ読むと、北方仏教とか南方仏教とかいう言い方が出てきますから、覚えておいてくださいね。大乗も小乗も、ともにお釈迦さまの教えなんですが、お釈迦さまが悟りを開いた、その直接の教えをそのとおりに書いたものが伝わっているのが小乗仏教ということです。

それはそれでいいことを言っているんだけれども、世の中というのは一歩一歩前進しているんですね。お釈迦さまは、そういうところが非常に科学的で、われわれが生きているのも、ただここでじっと生きているんじゃない、一瞬一瞬死んでは生き返り、死んでは生き返りしていると言います。生命は一瞬一瞬に動いているという、それがお釈迦さまの思想。

だから最初の教えはそのままでいいんですが、それをただ何千年もじっと持っていろとはおっしゃらない。そうではなく、それをどんどん時代に即して発展させていきなさいということなんです。われわれは宇宙の大生命から命をもらっているんですから、このいま一瞬を一生懸命生きる。その自分はもう死んで、また生まれ変わる。今の私と五分後の私は違うんですね。それくらい生々発展をしなさい、と。そういう解釈をしているのが仏教ではないかと思います。ちょっと私流の考えですけれども、おそらく間違っていないと思うんですよね。

ということで、われわれは最初にお釈迦さまが考えた「十二因縁」から、「無明」が迷いの根本で、だからそれをまず捨てましょう、と教えられてきていたんですが、この『般若心経』で突然「無明」はない、と言われてしまった。お釈迦さまの弟子としては、そう言われても困るんですよね。だけど、もうちょっと続けて読んでみましょう。そうすると、もっと大きな意味が、そこに隠されていると思います。

七　苦《く》集《しゅう》滅《めつ》道《どう》——四つの真理、四諦《したい》と八正道《はっしょうどう》

今日は『般若心経』に入る前に、ちょっとお話ししましょう。先日ある方がここにいらして、相談ごとをしていったんです。その方をA子さんとしましょうか。私ぐらいのお年ですが、十数年前にお里のお父さんが亡くなって、お母さんが一人になったんですね。A子さんには何人か兄弟もあるけれども、それぞれ家庭を持っていて、そのお母さんを引き取りたがらないわけです。よくあることでしょう。

じゃあお母さんをどうするかって困っていた時に、A子さんのご主人が「うちはわりあい家が広いし、お母さんがいても別に困らないんだから、ここに来てもらえばいいじゃないか」と言ってくれたの。A子さんが大変に喜んでお母さんに話すと、向こうも「来る」

と。それでお母さんはその家で年を取って、最近になって亡くなったんです。

亡くなってからしばらく経った日、ご主人が何気なくふっと、「長かったな」と言ったんですって。お母さんを引き取ってからの歳月を自分の人生に割り当ててみると、かなりの時間で、その間窮屈な思いをした自分は、何だかとても損をしたような気がするって。それを聞いたA子さんは、非常にショックを受けたんです。で、うちへ見えて「悔しい」と言って泣くのね。それまでは、ご主人にとても感謝していたんです。でも最後にそう言われたら、すごく腹が立って、感謝の気持もすっ飛んでしまった。そして「もう主人を今までのような目で見られなくなった。言ってくれなきゃいいのに」と言うんですね。

もし皆さんがA子さんの立場で、そういうことをご主人に言われたら、どう思いますか。今の話を聞いてA子さんに同情した？　そのご主人のことを、何か非人情だとか。

それはA子さんの気持もわかりますよね。知らなければ、もう感謝しきっていたのに。何も聞かずに死にたかったと。そんなことを思いながら面倒見てくれたのかと思うと、腹が立ってしょうがないと。けれども私は「そうじゃない」と言いました。だって、自分の親に対してだっていい加減なもんですよ。それを嫁さんの親を、しかも男の兄弟だっていて、何も引き取らなくたっていいのに、A子さんの親孝行なのを知っているから、ご主人は「いいじゃないか。うちへ来てもらいなさい」と言った。私は、それは大変優しいと思うんです。

それでも一緒に暮らしていれば、やっぱりそりゃ窮屈ですよね。夫婦ですもの、大声でケンカをしたい時もあれば、怒鳴りつけたり、殴りたい時もたぶんあっただろうけれども、お母さんがそこにいたら、ちょっと殴れない。たまには浮気をしてやろうと思ったって、お母さんが見てたら……。大の字になって寝たり、すっ裸で歩きたくても、遠慮があったりするでしょう。そういうわけで、そうとう不自由してたと思います。それを、ずっと辛抱してたんですね。そして思わず「長かったな」と言った。それはA子さんを、自分の女房と思うからこそ、言えることなんです。隣の奥さんには言わない。女房なら一心同体で何でも言えると、そのご主人は安心しきっているから、ついそう言ったと思うんです。

ところがA子さんは、「あんな根性の悪い人と思わなかった」と怒るの。だけれども、それはやっぱりお嫁さんのお母さんと一緒に暮らすということはね。しかも年寄りでしょう。年寄りというのは、そりゃ賢いところもあるけど、頑固なところもありますね。年を取るにつれて、だんだん気が短くなったり、わがままになったりします。私がそう言ったら、A子さんも「そうなんです。うちのお母さん、だんだんわがままになって、てこずりました」って。自分もそうなんですもの。自分もそのことで苦しんできたのに、それは忘れて、ご主人に言われると腹が立つんですね。

ですから、「そうじゃない」と言ったんです。年を取って、わがままになって、頑固になって――そういうお母さんのことを、ご主人はずっと辛抱してた。そして、とにかく無事にあの世に送ってくれて、お葬式も出してくれたんだから、それでいいじゃないですか。ご主人が「まあ、くたびれたね。長かったよね」と言えば、「そうですね」って、二人でいたわり合えばいい。そこまで辛抱してくれたという、それに感謝すべきだ、と私は言ったんです。ものごとは一方的に見ちゃいけないですね。喜んで面倒を見てくれた、それもいいけど、嫌なのを我慢しながら、なおかつ見てくれたというほうが、ありがたいと思うんですよ。

皆さんの中でも年いってる方は、いろいろ思いあたる？　私自身も、もうれっきとした老人ですから、晩年のことは考えているんです。やっぱり、誰にもできるだけ迷惑をかけないように、負担にならないように、晩年を送りたいですね。これは、あらゆる老人の本当の願いだと思います。みんな心の底から、誰の世話にもなりたくないの。だけれども、年を取ったら身体がきかなくなる、自由にならない。それで、どうしたって誰かの世話にならなきゃならない。その時はなるべく可愛いおばあさんになって、可愛いおじいさんになって、好かれるようにしたほうがいいでしょうね。

それには、どうしたらいいか。常に感謝しなければいけない。それと同時に、われわれの望みというのは、できれば死ぬ日まで元気でいたいわけですね。ものを食べるのも、トイレに行くのも自分でしたい。でもそう思っても、私だってボケるかもしれません。それはわかりませんね。私は親しい編集者に、「私がボケたら、この頃ちょっとヘンですよと、必ず言ってくださいね」と頼んであるんです。そうしたら、その編集者は「そんなこと言ったって、瀬戸内さんは聞くもんですか。本当にボケたら、私はそんなこと頼んだ覚えはないって言いますよ」(笑)。そうかもしれませんね。「無礼者!」なんて怒鳴るかもしれない(笑)。

わかりませんね、こういうことは。ボケないと思ったってボケる。病気なんかしないと思ったって、いつ半身不随になるか、全身不随になるかもわからない。だから、普段なるべく身体を鍛え、何でも食べて、そして心を平静にすることですね。病は気からと言うでしょう。心が怒り狂ったり、悲しみに満ちていたり、不平不満があったりすると、これはもうノイローゼ。それは自分で治さないと、しょうがない。何か変なお水なんかもらってきてもダメ。ちゃんとお医者さんに行って、正しい診断をしてもらって、お薬も飲んで、そのうえは自分の精神力です。

自分の精神力というのはつまり、あなたが信じるものに「私は今どうやら変でございます。お医者さんに行って薬ももらってますけれども、自分の弱い気持を克服して、どうぞ早く立ち直れますように」と祈る。それしかないの。人間の力には限界があるんです。医者だって間違うこともあるし、やっぱり自分ですね。自分で努力して元気になって、病気も小っちゃいうちに発見して、早くに治して、手術したほうがよければ、もうさっぱりと手術して、そして回復して。できるだけ死ぬその日まで、私たちは元気でいたいですね。

それでも病気が治らない時は、自分を卑下して遠慮することはないんです。自分が産んで育てた子供なんですからね。堂々と世話になって、食べるものを食べて、そうして楽しく毎日を送るほうがいいんです。年寄りは汚いとか、見苦しいとか、うるさいとか、そういう固定観念を私たちは払拭しなければいけない。年寄りは美しいんです。ホイットマンの詩にあるそうですよ。女が二人歩いている。一人は若くて美しい。年取ったほうの女はもっと美しい——というのがあるんですって。私は読んでないんですけど。とてもいい言葉でしょ。

ですから、年寄りは美しいんですね。だって知恵がありますもの。私は六十五ですから、三十代の人が逆立ちしたって、私にはかなわない。だけど私は、こちらの七十七歳の方にはかなわないんですね。私より、ひとまわりも上でしょ。そうすると私よりも、もっと世の中を見て、さまざまなことを経験していらっしゃる。やっぱり自分より一年でも長く生きた人は、尊敬しなきゃいけません。自分の知らないことを知っているんですものね。戦争を知らない人は、戦争の苦しさを知らない。戦争を経験した人は、その苦しさを知っている。だけど、その戦争を防げなかった自分の無知も知っている。そうでしょう。そういうことを全部経験して、人間はだんだんと賢くなるんです。だから、年を取ったことを卑下することはない。年を取ったらだんだんとくたびれてくるのは、あたりまえなんです。

お釈迦さまも八十で亡くなりました。三十五歳で悟りを開いてから、四十五年間何をしていたかというと、全国を遊行《ゆぎょう》して——遊んでいたんじゃなくて、歩くことを遊行といいます——仏法を広めて、お説教して、悩める人を救って歩いたんですが、その間にだんだんとくたびれてくる。お釈迦さまだって、くたびれるんです。それで弟子の阿難——アーナンダに向かって「私はもうぼろぼろの車になった。轍《わだち》は傷みきり、それをぼろぼろの皮のひもで結んでつないであるにすぎない」と言ったんです。

でも、だからそれが辛いと言ったわけじゃないんですね。もう自分はそういうふうになったけれども、まだこうやって遊行していく、ということを言ったんでしょう。ただお釈迦さまでも、一日中歩いて、夕日の射している石の上かなんかに座って、ああしんどいなと思った。いよいよわしもボロボロの車だなと、述懐したんですね。それでもなおかつ人を救うために、くたびれた身体に鞭打って進んで行く。明日もまた歩いて、人を救いに行くんです。

結局われわれは、身体がぼろぼろになっても、くたびれても、脳が少々ダメになっても、失望しちゃいけないのね。死ぬまで、与えられた命がある限りは、やはり努力しなきゃいけないんです。そうすれば、老いた人はなお美しい。若い人が美しいのは、あたりまえ。細胞がきれいなんだし、何もつけないでもピカピカ光る。だけど、年寄りが美しいということは、その人が歩いてきた経験と知恵が滲み出て、それが一つの美しい何かになるんですね。そんなふうな年寄りになりたいものですね。

また、いくつになっても他人のために尽くすというのは、とてもいいことです。自分のためにだけガリガリするくらい、嫌なことはない。そんな人はみっともないです。できるだけ生きている間、自分の余力でもって、他人のためになるようなことをしましょう。私たちが悲しい目にあったら、これは自分だけじゃない、他にも同じように悲しい目にあっている人がいる、その人の相談相手になってあげましょう、一緒に手をつないでこの悲しみを耐えていきましょう、と考える。それが他人のために生きていることになるんですね。自分だけの悲しみに沈みこんでしまったら、ほんとにつまらないと思います。

お話は、もう一つあるんです。今度はB子さんにしますか。B子さんはご主人と、長い間ずっと仲良くきたんですが、ある日ご主人が心臓の病気になって倒れたんですって。すると、同じ会社に勤めている七つぐらい年上の女の人がやってきた。実はこの女の人とご主人とは、ただならぬ仲だったんです。しかも結婚する前からの付き合いで、三十何年も続いてた。それが初めてわかって、B子さんはもう腹が立って悔しくってたまらないんですって。「友だちの話なんですけど」って相談に来た方が——何か感情が迫っていたから、本人のことかもしれないけれども——「この場合にB子さんは、どうしたらいいでしょう」と言うんですね。

だけど三十何年も奥さんを騙すなんて、これは大変な努力ですよ。「その努力をわかってあげなさい」と私は言ったんです。隠すことも大変。そして隠すということは、奥さんと別れたくないからですよね。また、その女の人もちょっと上等じゃないかと思う。三十何年も陰の人で、ただの一度も文句を言ってこなかったんですから。それがこの時は「私は何年か前に病気で子宮を取ってしまったから、もうどうでもいいんです。そんなにあなたが腹が立つなら、ご主人を返してあげます」と言ったそうです。せっかくそれまで上等だったのに、そういうことを言わなければよかったんですけどね。でもB子さんは「もうこんな亭主はいらない」と怒ってるの。

B子さんは悔しい、悔しいと言うのだけれども、角度を変えて見れば、まったく気がつかなかったというのも、よっぽど鈍感なんです。まあ、それもいいでしょう。作家の平林たい子さんでさえ気がつかなかったんですからね。自分のうちのお手伝いとご主人がずっと仲良くて、子供ができても、その子が小学校に上がるまで気がつかなかった。わかった時の彼女は大変だったんです。鋏や硯を投げて、暴れて。インテリだって、怒った時はすごい。その当時でも、長屋のおかみさんと同じじゃないかって、さんざん叩かれたんですよ。そんなことは構わないと思いますけど。腹が立ったら、物を投げたり、首絞めたりしていいと思うんです。彼女はそれを全部小説に書いて、ちゃんと元取ったんですよ（笑）。

だけど知らなかったので、やっぱりその時は悔しかった。私がなるほどと思ったのは、平林さんがその悔しさを、「小説家はものごとを観察して、人よりよく知っていなければ。

それなのに人間の心を観察して書くべき小説家の私が、そういう亭主の長年の秘密を見抜けなかった。そのことが恥ずかしい、悔しい」と言って、泣きわめいたんです。まあ実際は平林さんは、ご主人に安心しきって、自分は英会話の若い男の先生に夢中になっていた。「離婚して、あの人と結婚したい」なんて言ってたんです。ところがご主人のことがばれたら、もうそんな人のことは忘れてしまって、ぎゃあぎゃあケンカしてるんですもの。

それでもね、死ぬまでそのことを知らないでいて、あとから「平林さん、あんな偉そうなことといってて、こんなことも知らなかったの」と言われるよりは、やはり生きているうちに知って、鋏投げたり、硯投げたりしたほうがいいですよね。何でもものごとは、真実を知ったほうがいいんです。ごまかされるより、真実を知ったほうがいい。真実を知って、なおかつその真実の苦しい人生を生きていくのがいいんです。

それは真実というものは、必ずしも美しくありません。それは、人間が凡夫だから。人間が無明《むみょう》を抱えているからです。心に闇があるから、人間のすることは、ろくでもないことが多いんです。でも、それが人間なんです。われわれは人間として生まれてしまったんですから。それならば生きている間、人間として、人間の世界で、そういう清濁合わせ呑んで生きていくよりしょうがないでしょう。わかりますか。

宇野千代さんが、お地蔵さんの裏にある水子地蔵がとてもいいと、長い間思っていたんですって。それがある時行ってみたら、ちっともよくないことに気付いた。「私の錯覚でした」と、宇野さんがおっしゃったことがあるんです。ちょうど八十七歳の時の話。錯覚で、いいと思っていたものが、よくなかったとわかるというのは、一つの幻滅ですよね。それで私は「八十七にもなって自分の夢が破られたということは、とても悲しいことですか」と聞いたの。そうしたら「そんなことはありません。八十七になろうが九十七になろうが、真実を真実としてちゃんと見ることとね。誤っていたのを誤っていたとはっきり正して、真実を知ることのほうが、ずっと素晴らしいことです。それが生きることです」って、宇野さんがおっしゃった。これは私が自分で聞いたことですから忘れないんですけれども、とてもいいでしょう。

私たちは真実を、それがいかに辛くとも、いかに残酷であろうとも、やっぱり真実として受け止めなきゃいけないんですね。そしてそれを受け止めた上で、そこからもう一度生き直す。そうすれば生きる勇気も湧いてくると思います。そういうことね。では、お話はこれくらいにして、本題に入りましょう。

除夜の鐘を鳴らす

「無苦集滅道《むくしゅうめつどう》　無智亦無得《むちやくむとく》　以無所得故《いむしょとくこ》」――今日はここをやりましょう。「苦集滅道《くしゅうめつどう》」、これを仏教では「四諦《したい》」と言います。「諦」はサンスクリットの「シャタイヤ」の訳語で、真理ということです。漢和大辞典で引きますと、「誠」とか「つまびらか」とか「明らか」とかいう字がありますね。誠を明らかにする、ということは真理でしょう。その四つの諦、四つの真理です。

四つの真理の最初「苦」は、もう知っていますね。この世は苦だというのが、仏教の根本的な観念です。「苦」には、いくつありますか。皆さん普段よく言うでしょう、「四苦八苦」って。「四苦」は――「生老病死《しょうろうびょうし》」。この苦の世界に生まれてくること、これがすでに苦ですね。「生」はそう解釈したらどうでしょうね。

それから「老」は、もちろん苦しい。さっきから話しているように、年老いて子供が誰も引き取ってくれないなんて、いやですね。今の子供は悪いから。もしこの中にお金を持ってるお年寄りがいるなら、それを絶対しっかりと握っていなきゃダメよ。ここにも相談に来るの。お金を持って一人でいると、息子が「お母さん一人おいといたら心配だから、一緒に暮らそう」と言ってくる。風向きが変わったなんて喜んでいると、嫁さんが「おばあちゃんのお金を出してもらって家を建て増しして、そこへ来てもらったらどう?」と息子に言ってたりするわけです。そうして行くと、「家は建ったから早く死んでくれ」って、ひどい目に会うの。そういう人、いっぱいうちへ来るんですよ。だから、そんなのに乗って、喜んでお金全部出したりしたらダメ。そのお金で自分のしたいことをすればいいんです。旅行に行ったり、玉三郎なんか見に行けば……(笑)。それで時々、孫にパッとお小遣いをあげるのね。

「病」もいやですね。これは苦しい。そして「死」。死にたくないですね。博多の人で、仙崖《せんがい》というお坊さんがいたんです。大変に偉い禅宗のお坊さんで、絵も字もとてもうまい。この人が死ぬ時に、お弟子がずらっと取り巻いて、なにしろ偉いお坊さんですから、死ぬ時に何かカッコいい遺言を言ってくれないかなと思っていたんです。それで「まさにお死にになりますが、いかがですか」と聞いた。そしたら「死にたくない」(笑)。弟子が困ってね。もうちょっといいことを言ってもらいたい。もう一回「いかがでございますか。死をどうお思いになりますか」と聞くと、また「死にたくない」。また聞かれるとうるさいと思って、つづけて「どうしても、どうしても死にたくない」――(笑)。

とてもいい話です。誰だって死にたくないですよ。だってあの世はどんなところか、わからないですもの。怖いし、死にたくないと思うのは、当たり前だと思います。私だって、あの世のことはわからない。だけど坊さんですから、皆さんに「あの世はいいところよ」と言わなきゃならない。親しい人や恋しい人がいっぱい行ってるでしょう。だから、あの世に行けばあの人に会える、と思っても、どのくらい広いところかわからない。地球より広いところだと、探すのにちょっと（笑）。それとも親しい人たちがみんなでパーッと迎えに来てくれて、その晩は歓迎パーティかなんか……（笑）。たぶんそうだと思うんですけどね。一生懸命いいところだと思おうとしているけれど、やっぱり行ったことがないですものね。一回行って帰ってくれれば、「ちょっと寒い所だからチョッキ持って行きなさい」なんて言えるんですが（笑）。

「生老病死」の四苦のほかに、人間にはもう四つの苦しみがありますね。愛するものに別れる苦しみ「愛別離苦《あいべつりく》」、反対に嫌な人に会う苦しみ「怨憎会苦《おんぞうえく》」。まだあります、「求不《ぐふ》得苦《とっく》」。これは欲しいものが手に入らない苦しみ。もう一つ「五蘊盛苦《ごうんじょうく》」——「五蘊」はもう覚えてますね。「色」は肉体、物体の作用。肉体は老いるし、病気になる、死ぬ。それから「受想行識」は精神作用、感覚ね。腹が立ったり、悔しかったり、嫉妬したり、こういうことは全部自分の感覚によって起こることでしょう。それらが盛んなのは苦しいということですね。「生老病死」で四苦、あとの四つの苦を足して八苦。「四苦八苦」はこういう意味なんです。

ということで、今は「苦諦《くたい》」――苦の真実について話しました。

次は「集諦」と書いて「ジッタイ」と読みます。これは、なぜ人間には苦があるかという、苦の原因を考えること。苦の原因、それは何でしょうか。渇愛でしたね。つまり、人間の心に無明がある。生まれながらにしてある、人間のどうしようもない、おばかちゃんの心と言うことね。無明は煩悩のかたまりです。そしてその中で一番激しいものが「渇愛」なんです。これが苦しみのもとですね。

前回にくわしく説明したでしょう。どう苦をのければいいか、終わりからずっと消していって、最後の無明にたどりつく。無明がなくなれば苦がなくなるということでしたね。無明をとにかく滅ぼしてしまえばいい。これが「滅諦《めったい》」です。苦は四苦八苦、その四苦八苦のもとは何か、無明=渇愛であるということをわかるのが「集諦」、それではそれをなくすにはどうしたらいいか、これが「滅諦」なんです。苦の原因である無明を滅ぼして、迷いのない理想の境地に入ることを、仏教では「涅槃《ねはん》」と言いますね。涅槃図という、お釈迦さまが右を下にして横になっている絵があるでしょう。あれを見て、昼寝することを涅槃と思っちゃダメよ（笑）。あれは死んでいる姿ですね。でも、死ぬことが涅槃ではありません。インドの言葉で「ニルヴァーナ」と言いますが、これは心が落ち着いた悟りきった気持ね。それをニルヴァーナ、涅槃と言います。われわれも一生懸命努力すれば涅槃に入れる、生きながら涅槃に入れるんですね。要するに苦の原因である無明を滅ぼして、迷いのない理想の境地に入ること、これが滅ぼす真実「滅諦」です。そして、それにはどうすればいいか、その方法、ニルヴァーナに到る方法が「道諦《どうたい》」です。「苦集滅道」――これが四つの真理と言われています。

涅槃に到る方法「道諦」の内容には、やはり道がつく。すなわち「八正道《はっしょうどう》」を行いなさいと。前にも言ったことがあるでしょう。八つの正しい道を行いましょう。何のためでしたか。苦を滅ぼすためね。苦の根源である無明＝渇愛を滅ぼすためです。『般若心経』の中では、この「苦集滅道」が無だと言っている。こっちは、こうやってちゃんと教えているのに、ないなんてあっさり言われても困りますね（笑）。これはどうしたことでしょう。それはあとで考えることにして、まず八正道を説明しましょう。

「八正道」は仏教の修行の方法、実践方法です。これはまた、やさしいのね。前に話しましたが、いいことは何度聞いてもいいでしょ。一つぐらい頭に残りますから。一、正見《しょうけん》。

二、正思《しょうし》。三、正語《しょうご》。四、正業《しょうぎょう》。五、正命《しょうめい》。六、正精進《しょうしょうじん》。七、正念《しょうねん》。八、正定《しょうじょう》。これで「八正道」です。

どういうことかといいますと、読んで字の如しですけれども、正見はものごとを正しく見ること。正しい見解を持つ、正しく判断するということにもなります。人間は目を開けていたって、ものが正しく見えないことがある。反対に、たとえ目が見えなくたって、正しく見えることがある。正しく見るということは大変なことです。

正思は正しい考え。正語は正しい言葉。言葉は正しく使わないと、そんなつもりじゃなかったのに相手を傷つけたり、誤解されたりしますね。心はいいんだけれども、言葉使いが悪いばっかりに、誤解されることがある。また同時に正語の中には、悪い言葉を使わないということもあるんですね。悪い言葉とは、仏教では妄語《もうご》、両舌《りょうぜつ》——これは二枚舌ね、それから悪口《あっこう》、綺語《きご》なんて言いますね。綺語はおべんちゃらとか無駄口。こういう悪い言葉を使わないのも正語です。

正業——これは何でしょうか。悪いことをしないという意味です。つまり殺したり盗んだり、仏教で殺生《せっしょう》、偸盗《ちゅうとう》、邪淫《じゃいん》というのがあるんですね。だから不倫なんて流行ってるけど、あれはよくないということですよ。私なんか、ずっと昔にしたから構わないけど

（笑）。それから殺生。殺しちゃいけないというけど、私たちは魚を殺して、牛を殺して、鶏を殺して食べているじゃありませんか。結局われわれは、そういう殺生をしないと生きていけない、罪深い人間なんです。ですから時々「すみません」と言わなきゃいけないの。「お魚食べてごめんなさい」「スキヤキ食べてごめんなさい」——平気で食べちゃいけない。だって、かわいそうじゃないですか。米だって大根だって、何も人間に食べられたくて生えているわけじゃない。そういうものの命をいただいて、私たちは生きているの。ベジタリアンがいいなんて自惚れちゃダメ。菜食したって、それはやっぱり命を殺して食べているんです。われわれは、そうしないと生きていかれない、罪深い存在です。それを時々は思ってください。毎日思ってたら、ノイローゼになるけど（笑）。

正命というのは、正しい命ではなくて、身口意《しんくい》がつくるところの悪いことをやめて、正しく生きましょう、きちんとした生活をしましょう、ということです。そのためには正精進をしなきゃいけません。人間は無明のかたまりだから、じっとしていたら、すぐ悪いことをします。だから、こういう八正道を守るためには、常に努力をしなければいけませんね。時々こういうところへ来たり、そういうことを書いた本を読んだり、自分はバカなことをしなかったかと反省したり、懺悔したりしなければいけません。正精進はそういうことです。

正念は正しい考え。正しい努力をした上で、心を正しく持つということね。これだけのことをしたら、いやでも心は正しくなります。その正しい心でもって、正定——禅定を正しくする。禅定は心を鎮めることですね。怒りの心を、嫉妬の心を、欲望に渦巻いている炎を鎮める。そのためには座禅をするのが一番いいんですが、あるいは写経でもいいし、ただじっと正座することでもいいんですよ。そうして自分の心の悩み、波立ちを鎮めることが正定です。仏教ではとても座禅を大事にします。禅宗は特にそうですね。ただただ座禅をしなさいという教えもあるぐらいです。われわれは禅宗の坊さんじゃないんだから、一日中座禅して、掃除もしない、子供が学校へ行くのも、亭主が会社へ行くのも面倒見ない——これでは家の中はおさまりませんよね。つまり正定とは、心の怒りを鎮めたり怨みを鎮めたり、そういう努力をしなさいということなんです。これで八正道はわかりましたね。

今お話しした四諦八正道というのは、お釈迦さまがブッダガヤの大きな木の下で開いた悟り、それはどういうものかということを、あとで仏教学者がいろいろ定義したことなんです。お釈迦さまが亡くなったあとに、弟子たちが考えたことなんですよ。お釈迦さまは自分の悟りを本に書かなかった。紙も鉛筆もなくて、書くという習慣のない頃ですから、お釈迦さまは悟ったことを、すぐ日記につけたりしなかったんですね。ただこの素晴らしい悟りというものを感じた。それはお釈迦さまにしかわからないんです。でも断片的に話されたことを、のちの人たちが一生懸命勉強して、立派に体系づけ、論理づけました。

だけれども、本当にお釈迦さまが悟ったことというのは、そういう文字なんかで書けるものじゃないと思うんですよ。たとえば私が出家した時、「なぜ出家しましたか」とよく聞かれたんですが、そのたびに「答えられない」と言ったんです。いわく、言いがたい微妙なものだからなんですね。そういうものが世の中にはある。どうしても口で言えないほど微妙なものがあるんですね。悟りもそういうものではないかと思います。私はまだ悟ってないから言えませんけど、もしも悟っても、それは私の筆力では書けないと思う。一部を言うことはできても、全体はとても言えないんじゃないかしら。

それともう一つ、お釈迦さまは悟ってから四十五年間、ずっと貧しい村々を歩いて、働きながら苦しんでいる人、病気で苦しんでいる人、家族に捨てられて苦しんでいる人、さまざまな人に出会って、彼らの苦しみを聞いてあげ、それをなくすためにお説教してあげたでしょう。その間にお釈迦さまの悟りは、三十五歳の時のままではなくて、より深く大きくなっていったと、私は想像するんです。

　ところがお釈迦さまは、相手によっていろいろな言い方で話してあげたんですね。自分は深い教養があるし、言葉もたくさん知っているから、いくらでも美しく言うことはできる。でも、本当に働いて寝るだけというような人たちがわかるように言うには、どうしたらいいのか、苦心して考えられたと思うんです。そしてその人たちが今求めていることを、やさしい言葉でスパッと言ってあげる。そういう教えを書いたのに、『法句経《ほっくきょう》』というお経があるんですが、なんだこんなやさしいことか、と思うようなことを言っているんですよ。

　それではお釈迦さまの悟りは、「なんだ、こんなものか」というようなものかというと、そうじゃない。それは誰にでもわかるように、そう言ったんであって、もっともっと深い「無上甚深微妙法《むじょうじんじんみみょうほう》」だったと思うんです。そうでなかったら、お釈迦さまは悟った後何日間も恍惚としてなんかいないでしょう。それくらい強烈な喜びをもたらしてくれたんですね。一種の回心。サーッと陽が照るんです。人間と人生の真理というものが、パッとわかったんでしょう。悟りとはそういうものなんだろうと思います。

　それをのちの学者が、たぶんこういうことでしょうということで、四諦とか、八正道とかにしたんでしょうね。今見てきてわかったと思いますが、これは自分が立派になるための修行です。ほかに六波羅蜜というのを覚えましたね。六波羅蜜にはさらに、人に施すとか、人の失礼なことをじっと我慢するとか、人のために何々するというのが入ってきます。ですから六波羅蜜のほうが大乗仏教、八正道まではどちらかというと小乗仏教なんですね。日本に渡ったのは大乗仏教だから、これは自分が悟りを開いていないから、人に悟りの話なんかできませんというのではなくて、自分は悟っていないけれども、「お釈迦さまはこうおっしゃったそうですよ。あなたは頭がいいから、どうぞ私より先にお悟り下さい」と言って、人に勧める。自分よりも人が悟りを開くように、人がニルヴァーナに達するように努力するんです。もちろん、八正道程度のことができなかったら、人を救うこともできませんけれどね。

ところが『般若心経』では「無苦集滅道」——苦集滅道もなし、と言っています。これはつまり四諦とか、八正道とか、もうそんなことばかりでコチンコチンになっていたら、またそれにとらわれていることになるでしょう。それは自由じゃないですね。仏教も、それからあらゆる宗教がそうですけれども、人間が幸せになるために宗教はある。幸せになるとは何か。自由になることでしょう。四諦とか八正道とか、こういうことは知っていなきゃいけないけれど、それにとらわれてはいけない。人に会ったら正見、話をするには正語、いちいちそんなこと考えていたら、しんどくて生きていられませんね。だからいっぺん知った上で、そこから解放されなさい、と。ここは、そういうことだと私は解釈しています。

こういうものいっさいから解放されたら、そこから得られる智慧も、すべてが空になる。なくなって見えるということですね。——ゆえに、とお経は続きます。ではまた次回。

八 心に罣礙《けいげ》なし――自由自在な心

私はゆうべ、シルクロードへの旅行から帰ってきたところなんですよ。せっかくだから、今日はそのお話をしようと思います。私は中国のシルクロードへ行ったのは、今度が二度目なんです。ソ連のシルクロードへも一度行きました。今度、敦煌で乗ったタクシーの運転手さんが、二日目に「確かあなたは一九八〇年に敦煌へ来た」と言うんです。こちらは覚えてないんですけど、「その時は黒い衣を着ていた」と言うんです。今回はテレビに撮るので行きましたから、黄色の法衣を着ていたんですよ。「だから、ちょっと見間違ったけど、絶対あなただ」という。そして、その時手相を見てもらったと言うんですね。それは本当です。その時、片っ端から手相を見たんです。「あなたは私の手相を見て、もうすぐすごい金持ちになると言った。七年経つけど、まだならない」って。「いやいや、それは……もうなる、もうなる」なんてね（笑）。

それから今度はちょっと小太りの、立派な身なりの紳士がやってきて、「先生、私を覚えてますか」と言う。「八〇年にあなたがいらした時、私が案内しました」――前に行った時に、ちょうど委員長さんがいなくて、細く痩せた十七、八の頼りない男の子が案内してくれたんです。その人が七年経って、肉付きのいい立派なおじさんになってるんですね。外国人の接待をする役人です。

敦煌は、今はすっかりブームになって、日本人がたくさん行ってますけれど、七年前は、ほんとに何もない淋しい町でした。莫高窟《ばくこうくつ》――山のふちにビルディングみたいに小さい入口がいっぱいあって、その中に仏さまの絵や像があるんですが、それを見に行くったって、数が知れてたんです。旅行者の受け入れ態勢もなくて、田舎の小学校みたいなところの部屋を区切って、そこに粗末な木のベッドが入っているだけでした。床は土間、食事は体育館みたいなところで一緒に食べて、トイレは遠くて遠くて――私は下痢をしていて、熱を出し、トイレに行くのに苦労したから、よく覚えています（笑）。そういう、さびれた淋しい町だったのが、今は大きなホテルが軒並み並んだ、すごい観光町になっているんです。

七年前は、その痩せた少年に案内してもらい、莫高窟の洞窟の中に入って、写真を撮ることができました。ところがワンシャッター八十円取られるんですね。私がどこを撮ろうかなと、こう構えただけで、三回分取られた。「私はまだ一回もシャッターを押してない」と言ったんだけど、「いや、あんたはこう三べんカメラの向きをかえた」って。暇だから、その少年以外にも男の人たちがゾロゾロついてきて、勘定しているんです。それで私は気を悪くして、「もう見ない」なんて短気に出てしまったんですけどね。今は写真なんか撮れない。カメラの持ち込みは禁止なんです。あの時に少々のお金を惜しまないで撮っておけば……(笑)。やはり短気はダメですね。

また以前は扉なんてボロボロだったのが、どこかのお金持ちが寄付して、入口にみんな立派な扉がついているし、中も修復して塗り直しているところが、ずいぶんあるんです。だけど、それが下手くそなものだから、修復しないほうがいいんです。日本だと、たとえば中尊寺の金堂を修復するなんていったら、日本中の工芸の最高技術者が集まってするから、元のとおりになるでしょう。中国はそうじゃないから。それでも中国人は、きれいになったって、喜んでいるんですけど。

昔の隋《ずい》の時代の仏さまなんて、ほんとに素晴らしいんです。交脚像《こうきゃくぞう》という、脚を組んだ仏さまがありますね。それが足首なんか取れていると、芯に華の葉を束ねたものを入れてたりする。その回りに泥を塗って、色をつけてあるんですね。そういうのを見るといいなと思いますけど、時代が下がるほど良くない。唐《とう》でも盛唐の時はいいけども、晩唐になるとダメで、明《みん》になるともっとダメ。もう夜店のお人形さんみたいな仏さまもあるんです。

　それで、どうしてここに、こんなものがあるかというと、全部砂に埋まっていたんですね。ある日、土が崩れているというので、ここの番をしていたお坊さんが手を突っ込んだら、どんどん土が取れて、そこに穴が開いている。しかもその中に経文とかお経に関する解説とか、そういう素晴らしいものが、びっしり入ってたんです。するとイギリスの探検家のスタインが、それを聞きつけてやってきて、二束三文のお金を払って持てるだけ持って行ってしまった。次にフランスのペリオが来て——ペリオという人は漢文が読めるんです。それで今度はゆっくり調べて、いいものだけ、これも二束三文で買っていった。発見したその坊さんは、ただで砂の中から出てきたのに金をくれるもんだから、どんどん渡してしまう。そのあと、さらに日本の大谷《おおたに》探検隊が来て、ごっそり買って行った。

　そういうことで、結局字を書いたものは、ほとんど外国へ取られてしまったんです。その坊さんが無知だから、全部お金に替えた。でも、それからだんだん敦煌が注目されてきて、ここに何かがあるということで掘っていったら、莫高窟が出てきたんですね。この砂漠のど真ん中の洞窟の中に、天井から壁から素晴らしい絵が描いてあって、彫った仏さまとか、泥で造った仏さまが、ずらっとあったわけです。

こういうふうに岩壁の中に穴を掘って、そこに仏さまを祀るのを、千洞仏《せんどうぶつ》というんですけど、こういう形式はそもそもインドにあるんですね。それを真似して造っているんです。今度私は、三つの千洞仏を見てきました。蘭州《らんしゅう》の炳霊寺《へいれいじ》というところでは、湖の奥に岩壁があって、下のほうはずっと洞窟があるんですが、その上にすごく大きな磨崖仏《まがいぶつ》が残っているんですね。こういうのが中国には豊富にある。それでその磨崖仏の横に階段が——といっても梯子みたいなのがずっとついているんです。

ここを私はよせばいいのに登りました。それはもう怖いんです、グラグラ揺れて。それをテレビの人たちは、私が頼まれもしないのにスルスル登ったから、みんな呆気にとられながらも、一生懸命カメラで撮っているんです。そしたら、この磨崖仏の上に、まだ仏さまがあったんですよ。小さな三体の観音さまで、もう何とも言えない美しい仏さまでした。ほとんどの人が拝んでないでしょう。だって、そんなとこ登るバカはいないものね(笑)。これも本当は許可していないんです。

だけど、こういうのを見ると、造った人の情熱というのは何だろうと思いますね。磨崖仏にしたって、こんなに高いところにどうやって彫ったのかと思うでしょう。梯子をかけ、それから身体に綱をつけて彫ったのかもしれないけど、命がけですよね。おそらく何人も死んだと思うんです。こういうところに洞窟を造って、そこへ一つ一つ細かい絵をいっぱいに描いて、仏さまを入れて……。やはり、すごい情熱がなければできないことです。それを考えると、宗教というものは恐ろしいほどの力を持っていると思いますね。

ところで、私がなぜ敦煌に二回も行ったのかといいますと、ここ十年ぐらい、三蔵法師玄奘《げんじょう》の歩いたあとを辿っているんです。玄奘は本当に足で歩いたんですが、私たちは今そんなことはとてもできないから、飛行機に乗ったり、車に乗ったりして行くわけです。生きている間に玄奘のあとを全部辿ってみようと思って。もうちょっとになったんです。インドは全部回りました。パキスタンも回りました。それからソ連領シルクロードも、一昨年の夏に行ってきました。タシケントだとかサマルカンドだとか、とてもきれいなところでしたよ。真夏だったから五十度なんです。もう火傷するかというぐらいの気温でしたけど。

中国領シルクロードは一番最初に行ったけれど、それから七年も経って、私も少しは勉強して、ものわかりがよくなりましたからね。もう一度行きたいと思っていたところに、今度の話がきたということです。まず北京へ着いて、それから蘭州に向かって、そこに四日いました。

その時に、ちょうどそこのお寺で盂蘭盆会《うらぼんえ》に当たったんです。盂蘭盆会というのは、サンスクリットのウランバナに漢字を当てた言葉で、日本のお盆のことですね。時期は二カ月遅れるのかな。蘭州のお寺で盂蘭盆会の法要をやっていて、一般の人たちがスイカとかキュウリとか、揚げたお菓子とかを、お寺に持ってくる。それを仏さまに捧げて、何人かのお坊さんが、ドラなんか鳴らしてお経をあげるんですよ。私も一緒にお経をあげましたが、こっち側に尼さん、向う側に男の坊さんというふうに向いあって並んで、立派な法要をするんです。そういうことは、中国ではかつてはありえないことだったんですね。

なぜかというと、中国は革命後、仏教を禁止しました。だから拝んじゃいけなかった。仏教は阿片と同じだといって、国が禁止して、お坊さんは全部還俗させられたんです。還俗させてお百姓とか、肉体労働に就かせました。それでお寺は全部、人民が占領してしまったんです。お寺は大きいから、そこにたくさん入って住める。そして庭の木なんかじゃんじゃん切って薪にして暮らすから、ボロボロに荒廃しました。でも最近、中国はお寺を新しく、またどんどん建てているんですよ。

それは観光資源になるから。日本人はお寺が好きでしょ。日本の仏教というのは中国から来たから、結局向こうに各宗派のもとがある。ですから、各宗派がこぞって団体で行って、建物や金品を寄付したりするわけですね。いい観光資源だから、どんどん直すんです。向こうの建物というのは簡単なのね。日乾し煉瓦みたいなものをちょんちょんと積んで、さっと塗ったら壁ができたり、とても早く建つんですよ。そうして次々直すんですが、お坊さんがいないでしょう。それで還俗させた人を連れてくるけど、やはり一度還俗したら、なかなか帰らないんでしょうね。

私は最初は昭和四十八年、出家する年ですけど、その年の二月に、初めて解放後の中国へ行っているんです。上海に大きなお寺があって、そこにお坊さんがいた。珍しいのでそばへ寄ったら、一生懸命お経の本を読んでるんです。ところが見ると、その本が逆さまなんです。つまり、その人は文盲なんです。七十か八十ぐらいの年で、肉体労働もできなければ畑仕事もできない、そういう人を連れてきて、そこへ座らせているんです。そういう状態でしたね。

それが、毎年のように中国へ行くと、そのたびにお坊さんを——何と言うのかしら、つくっているんですね。これじゃいけないっていうので、仏教協会というものができて、養成所で新しい小僧さんからだんだん育てていく。天台山なんて、初め行った時はほとんど坊さんがいなかったのに、二度目に行ったら立派なお坊さんがたくさんいました。そういうことで、だんだんお寺に力を入れるようになった。けれども結局は、はっきり言って観光資源なんですね。それで、悪いことは全部日本の真似をしている。入るとお金を取る、中にみやげもの屋がある、そこで数珠を売る、拓本を売る。日本のお寺の悪いところを全部真似して、いかにお金を取るかということをやっているんですね。

これは忘れもしませんけど、桂林《けいりん》に行った時のことです。公園があって、そこの山に登る石段が全部墓石なんです。誰それの墓と書いてあって、その字を上に向けて敷石にしてあるんです。私はちょっと思案しました。やはり踏みにくいですよね。そしたら若い中国人の通訳が――とても頭のいい人でしたが、「瀬戸内さん、どうして進みませんか」と言う。これは墓石だから踏みにくいと答えると、「そんなことはありません。これは物質です」と言うんです。その男の子は革命後に教育を受けているから、これは物質です、仏教は阿片ですと。「瀬戸内さんは才能ある作家なのに、なんで坊主になんかなったんですか」と言うんですね。

それから各宗派のお坊さんが集まって、旅行したこともあるんです。その時はお寺ばかり行ったんですが、各宗派がそれぞれの拝み方で拝んで、法要をするんですね。ところが、その頃のお寺というのは、中国人にとっては遊園地です。池があって、木があって、大きな建物があるから、みんなが休み時間に遊びにきている。それも中国は三交替制勤務だから、いつでも誰かが遊んでいるんです。子供からお年寄りまで、アイスキャンディかなにか食べながら……。そこへ私たちが行って拝んだり座ったり、ぐるぐる回ったりするでしょ。いいショーなんですね。面白そうにみんな見にくる。拝んでいることに対して敬意を払うとか、そういうのはまったくない。本当に中国から仏教というのは消えたんだなと、その時に思ったんです。

そしたら今度行った蘭州のお寺で、盂蘭盆会に人々がそうやって先祖のためにお供物を持ってくる。日本と同じでしょ。私たちもお盆には、ナスとかカボチャとか供えるじゃありませんか。彼らは家に仏壇がないんでしょうね。だからお寺に持ってくる。そしてお坊さんたちがお経をあげるんですね。私もせっかくだからと思って、尼さんの中に入って、日本語で一緒にお経をあげました。すると、行道《ぎょうどう》といって日本のお寺でもよくやりますけど、お坊さんがお経を唱えながら、庭を回るんです。まず仏さまの回りを回って、それから庭に出て行って、ぐるぐる回る。そのあとに、来ている一般の人たちが、みんなお経を唱えながら、お坊さんについて行道するんですよ。それは何とも言えない雰囲気がありましたね。

そこには完全に仏教が生きていた。かつて「これは物質です」と言った時とは、違うんですよ。先祖の霊を慰めるためにお参りに来て、そしてお坊さんと一緒にお経を唱えながら行道する。そのことによって自分たちも平安を得るし、先祖の魂も安らぎますように、という感じでした。また仏教が、宗教が戻ってきたというのを、初めて身に感じましたね。

それから敦煌の町へ行きました。敦煌は、昔はお寺の甍《いらか》が何千と並んでいたと言われているところ。今はただ一つしかお寺がないんです。町は大都会になっているのに、お寺は一つです。そこは道教のお寺で、偉いお坊さんはいま蘭州に行っていていないと言うんだけど、それはどうも嘘らしいんです。それでよぼよぼのお坊さんと在家の信者とで、私たちを迎えてくれました。

そのお坊さんは、あまりお経が読めるような感じじゃないけれども、七十三と言ってました。七十になって出家したんですって。どうして七十で出家したのかというと、「私は三十六ぐらいの時から仏教に憧れたけれども、妻子があってなかなかその思いが果たせなかった。でも七十になって、もう子供の面倒を見なくていいし、これから自由にさせてもらおうと思って出家した」と言うんです。ここへ入ってから孫たちが毎日やってきて、「おじいちゃん帰ろう」と言ったけど、もう入った以上は出ないって、ここで頑張ってるんですって。「幸せですか」と聞いたら、「うん、幸せだ」って。

それで、あなたは仏教をどういうふうに考えているんですか、と聞いてみました。そうしたら「仏教はいいことをして悪いことをしちゃいけない、ということを教えている」と言うんです。そして「人が悪いことをした場合も、自分が悪いことをしたというふうに感じる、その傷みを感じて、その人のために仏さまに懺悔する」と言うんです。私は七十三の、ほんとに見るからに無学文盲みたいな、そのおじいさんの言葉に、とても打たれました。本当にそのとおりですものね。われわれ日本の坊さんは、古都税かなんかのことでケンカしたり、お金儲けのことばかりやっている。だけど、このおじいさんは、人が悪いことをした時に、自分が悪いことをしたと同じように傷みを感じて、仏さまに懺悔しますという――。坊さんというのは、それでいいんです。

そんなふうに、あっちこっち寄りながら、だんだんとシルクロードの奥へ入って行きました。蘭州というのは河西回廊《かせいかいろう》――つまりシルクロードの入口で、昔はそこから奥がシルクロードだったんです。前には黄河が流れていて、その黄河沿いにずっと、砂漠のほうへ行って、それから最後はローマまで続いていたわけです。ヨーロッパからラクダに乗ってやってくる隊商の目的は何だったかというと、金儲けです。それこそいい加減なものを持ってきて、こっちを騙して立派な絹を手に入れて、向こうはうんと儲けたんでしょう。ローマからずっと砂漠を渡って来るのは命がけだけれども、命を賭けて足るほどの儲けがあったんですね。だから彼らはやってきた。その絹の道が、長安まで続いていて、やがてそれが仏教の道にもなるんです。

三蔵法師玄奘は、唐の長安から河西回廊を通って、ゴビ砂漠を横切り、そして天山山脈を越えて、インドへ入りました。インドで勉強して帰ってきて——十六年かかっているんです。その旅行記があるので、そういうことがわかっているんですね。玄奘は洛陽の人なんですけど、お兄さんが早くにお坊さんになっていたので、彼もまた——それも非常に頭がよかったから、十六歳ぐらいで特別に国の認めるお坊さんになったんです。ところが勉強していて、どうしてもわからないところがある。そこを誰に聞いてもわからない。なぜかといえば、本当に知りたいというところの経文が、中国にはなかったからなんです。

それならば仏教の起こったインドへ行こうと。その頃は天竺《てんじく》と言いましたね。天竺で勉

七五三の子どもたち

強してインドのお経の本を読んで、それを集めて持って帰ろうとしたんです。それが二十六歳の時です。しかも、その頃の国の方針で、外国へ行っちゃいけないという法律があるんですね。国禁を犯して行く。見つかったら牢屋へ入れられる。命がけです。そうして、ひそかに長安を脱出して、一路インドを目指します。

絹の道なんて言うとステキだし、NHKなんかできれいに撮っていますけれども、そんなもんじゃないんです。ほんとにひどい道なんですよ。蘭州から奥へ行くとずっと砂漠なんですが、砂漠といったって「月の砂漠の……」なんていう細やかな砂じゃなくて、ゴツゴツとした瓦礫《がれき》の石の砂漠。それ以外何にもないところです。今はシルクロードブームだから、アスファルトの道がついていて、そこをわれわれは自動車でぶっ飛ばしたり、また鉄道が一本ついていて、それに乗って行ったり、あるいは飛行機で飛んで行ったりする。けれども、昔はそういうのがないでしょう。歩くか、馬か、ラクダに乗っていく。では、彼らは何を目印にして行ったか。人の骨を目印にするんです。砂漠で倒れて死んだ人が、いっぱいいる。それが自然に風化して骨になっていく。あっ、ここに骸骨がある、じゃこれは人が通った道なんだと、それを目印に行くんです。そういう、とても苛酷な旅なんですね。

おそらく馬とかラクダとかは利用したと思うけど、それも続かないでしょう。馬も疲れる、ラクダも疲れる。そのうちに水もなくなるし、本当に命がけなんです。われわれはジープで飛ばしたけれど、今でもジープでないと行きにくいようなところです。私はそこで、一年に数回しかないという珍しい雨にあったんです。ちょうど今年は天変地異の年で、私の行く一週間ぐらい前には、三十六年ぶりにゴビ砂漠が大洪水になって、一面ドロの海と化したんですって。まあそうしてまれに降る雨が地下にすっと滲みて、そうすると地下でも雨のたまるところと、たまらないところがあるんですね。雨のたまるところがオアシスなんです。そこに根が深くまで生える植物、水分を保つことのできる植物、そういったものが育つ。そこだけに人が住んで、牧畜をするわけですね。

だからオアシスへ行けば泊まれるし、水もあるけれども、あとは水袋を持っていかなきゃならないでしょ。それを玄奘はある時、砂漠で水袋を落としてしまいます。もうどうしようもないんですね。水がなかったら一歩も進めない。しかたがないから元の町まで引き返そうと思って歩き始めるんだけど、途中で、いやダメだ、自分は死んでもインドを目指して前進するんだ、水袋を落としたくらいで引き返すとは何ごとだ、と思い直します。そこで死ぬのを覚悟で、また前進する。そういうこともあったんですよ。

それから砂漠には、今でも蜃気楼が出ます。皆さんが考えているような、町が地平線に浮かぶ蜃気楼じゃなくて、湖のように見えます。パーッと地平に光った湖が見えるんです。そこに明らかに家の影が映っている。それであそこに湖がある、オアシスがあると思って、旅人はそっちへ行きます。喉が渇いて苦しいから、あそこまで行けばなんとか水にありつけると思って行くけど、それは幻の湖だから、行けども行けども辿り着けない。途中で力尽きて死ぬ。そんな苛酷な旅を、玄奘は一歩も退かないで行くんです。

そして、ついに高昌古城《こうしょうこじょう》というところへ着きます。今は古城と言うけれど、その当時は高昌城でしょうね。そこへ彼が辿り着いた時、王さまはこんな素晴らしい青年はぜひ自分のところへ欲しいと思ったんです。どうぞここへ留まって、私の片腕になってください。そしたら娘もあげましょう、ご馳走も食べさせましょう、位もあげましょうと、一生懸命勧誘しました。でも彼はそんな誘惑には負けないんですね。こんなところでぐずぐずしていられない、私は天竺へ行きますと。すると王さまは意地悪したくなる。そうか、じゃ行きなさい、私はこれから長安へ密告してやるから、お前さんは捕えられて殺されるよと。「それでも構いません。どうせ命がけで来たんだから、ここでぐずぐずして殺されるなら、私は自分で死にます」と言って、玄奘は断食をするんですよ。

それで王さまも、彼の素晴らしい求道の精神にほとほと感心して、馬をくれる、羊もくれる、着るものや食べるものをくれる、お金もくれる、家来もつけてくれるというふうに、いろんなものをくれて送り出してくれました。そして「無事にあなたの目的を果たして、帰りには必ずここへ寄ってください」と言います。玄奘は必ずご恩返しにまいりますと約束して、再び天竺を目指して進むんですね。

実際に玄奘はインドのナーランダという大学でしっかり勉強して、すぐれた仏教学を身につけて帰ってくるんです。その途中で、約束どおり高昌城に寄るんですが、そこはすでに三年前に滅ぼされていたんですね。まさに諸行無常です。今も城跡だけ残っています。玄奘は十六年ぶりに国に帰ってきた。その時は経文をいっぱい持ってきたんです。玄奘は国禁を犯して行った罪人でしたが、それまでに彼の名声がシルクロードを通して伝わってきていました。皇帝は彼が帰るのを待ちかねていて、凱旋将軍のようなもてなしをするんです。長安にお寺も弟子もちゃんと用意してくれていて、そこで彼は持ち帰った経文の翻訳にとりかかります。今、日本のお坊さんの読んでいるお経のほとんどが、玄奘の訳したものなんです。こういう彼の入竺求法《にゅうじくぐほう》の情熱の結果、インドの仏教がシルクロードを通って中国へ、そして朝鮮から日本へ伝わって、われわれは今その恩恵をこうむっているわけです。

ところが肝心のインドには、もう仏教はほとんどないんです。仏跡はあるけど、仏教はない。仏教徒は全体の〇・五パーセントぐらいで、あとはヒンズー教とかイスラム教です。また中国にも、さっき言ったように、ほとんど仏教はないんですね。今やや復活しかけているけれども、ないに等しい。朝鮮にはあります。非常に立派なお寺が残っていて、立派な坊さん、立派な尼さんがいます。日本はといえば、かたちだけはすごい仏教ブームですけれど、果たしてほんとの仏教があるかということは問題ですね。でも、とにかくそうやって仏教というのは、命がけの何人かによって、もたらされたんです。

玄奘は七世紀の人ですが、四世紀の終わりから五世紀には、法顕《ほっけん》という人が、やはりシルクロードを通って天竺に行っているんですよ。六十二、三の時に発心《ほっしん》して行ったんです。私と似たような歳だけど、そんな昔の六十過ぎなんて、今の六十代とは比べものにならない年寄りでしょう。この人もちゃんと日記をつけていたので、それが伝わり伝って、玄奘の頃には天竺へのガイドブックみたいになっていたのです。法顕は行きはシルクロードを通って、帰りは船なんですが、やはり十六年かかっています。ですから帰ってきた時には八十ぐらいになっていて、すぐ死んでしまった。玄奘にしろ法顕にしろ、書いたものや業績が残っていますから、行ったということが証明できるんですけど、途中で死んで、砂漠で骸骨になったお坊さんも多かったでしょう。名もなく消えていった、そういうたくさんの人が、求道の情熱を持って砂漠を渡って行ったんですね。

今度行って雨にあって、やっぱり三百六十五日お天気の日はなかったでしょうから、そんな時に彼らはどうしたんだろうと思いましたね。こんなことを思いながら、珍しく雨を吸った砂漠に身を投げ出して、五体投地《ごたいとうち》をして礼拝しました。そうすると、大地から何かが伝わってくる。骸骨の声かもしれない、法顕の足音かもしれない、玄奘の溜息かもしれない。そういうものが伝わってくるんですよ。そういうことを感じたいために私はシルクロードへ行くんです。

私なんかは自動車でブー、飛行機でスー、汽車でトトトン、そんなふうな楽な旅です。それでもやっぱりシルクロードへ行ったら、風邪はひく、下痢はする、怪我はするで、ひどい目に会うんですよ。でも彼らがどんなに苦心して道を求めたかということを、この現代の楽な生活をしている自分が、かけらでも想像するよすがが欲しいのです。それほどに彼らが努力して求めたもの、それがなぜなくなるのか、なぜ消えてしまうのかということも考えなければいけない。そういうことを自然に考えさせられます。

それから今度感じたのは、人間は月に行ったり、原水爆をつくったり、すごい科学の力を持っているでしょう。なのにどうして、あれだけの広大な砂漠を科学で管理する能力がないかということですね。科学の粋をつかって、あの不毛の砂漠に湖を二十ぐらいつくるとか、できないものか。今年は天山山脈の雪がどっと溶けて流れてきて、大洪水になっています。それは原水爆の実験をしすぎるからなんだそうです。中国だって砂漠でやっているんですね。その熱で天山山脈の雪だって溶けます。もっと建設的に、うまく足りないぶんだけ雪が溶けるようにするとか、そういうことができないものかと、つくづく思いました。

この旅行で面白かったのは、中国人の民家に招待されて、泊めてもらったことです。呉さんといって、とても裕福な民家。私たちを泊めてくれるぐらいですから。その家は一番立派な客間に電気洗濯機があるんです。つまり、それを大変自慢にして飾ってある。大家族で住んでいて、みんなとてもよくしてくれました。「おあがりなさい、おあがりなさい」と、いろんなものを出してくれて、その中にトウモロコシが出たんですね。私はトウモロコシが好きだし、東北の天台寺のトウモロコシはすごく美味しいから、食べ比べてみようと思ってガブッとかじったら、固くって歯が立たないようなトウモロコシ。それも裏返したら、反対側は実がない（笑）。そんな貧しいものしかとれない土地なんです。そういうところでも、お百姓しながら、私はこんな幸福な思いはない、家族はみんな健康で、嫁もよくて孫もよくて……なんて言って、私たちを泊めてくれたり、接待してくれるんですね。もう一軒は葡萄をつくっている人たち。少数民族で、青い目のイラン系の人でウルフさんというところです。そこではダンスなんか見せてくれたり、一緒になって踊ったりしました。そこのおじいさんも、自分は今とても幸せだと言うのね。だけど彼らは比較するものがないから、そういう生活しか知らないから、それで幸せだと思っているんです。われわれのようにありとあらゆる贅沢をして、世界中の美味しいものを食べて、デパートへ行ったら何でもあるような生活をしてたら、そうは思えないでしょう？

ほんとにこれは考えようで、それしか知らなければそれで幸福なんですね。われわれが次から次へと限りない贅沢を言って、それで「もっと欲しい、もっと欲しい」というのと、彼らがこれで満足して、ほんとに幸せだと言うのと、どっちが幸せか。——けれども人間というのは、向上することが本当だと思うんですよ。やはり人間は智慧を働かせて、より便利な生活をしようとするのが自然じゃないですか。そのために、われわれは勉強したりするわけだし。そうかといって日本のように物質文明だけに毒されて、ろくでもないことばかりしているのも、また考えものですし、そこは難しいですね。チェルノブイリのような事故が起ると、文明ってなにかと考えさせられますね。それで宗教というものが、やはり必要なんじゃないかと思います。

パオにも招待されたんですよ。パオって知ってますか。遊牧民族の住居です。パオでの一番のご馳走は、ヒツジを殺すこと。飼っている羊の首をちょん切って、大きなお皿にそれを煮て盛って、お客さんに出すんです。その時だけは、さすがに私もベジタリアンだと言おうかと思った。だってひょっと見たら、私のほうに向いて、恨めしそうな顔をした羊の首が……（笑）。一人が刀を持ってきて、「耳を切れ」と言います。その場の一番偉い人が羊の耳を切って、一座のいちばん若い人にあげることが幸せをあげることなんですって。そんなの私、とてもよう切らないですよ。一緒に行った大学生に切ってもらったら、そのうちの子供が嬉しそうにペロッと食べました。それからダンスをして見せてくれましたね。

この季節、パオはもう全部たたむんですよ。パオは弓なりの木を糸で結んで、テントをかけてあるものなんです。その糸を引っ張ると、屋根がパーッと落ちてくる。柱を抜いて、それでくるんで牛に乗っけて、自分たちも乗って町へ出て行くんですね。羊を何百頭も追いながら遊牧して、冬の間は町の温かい土の家で暮らす。そこでも「ほんとに幸せだ」と言っていましたけど、今はこうやって観光客も来るでしょ。だから、こんな生活は子供にはさせたくない、子供は大学へやって、そして町に住まわせて老後を見てもらいたい、そんなことも言っていましたね。

今回はそういうところへも行って、いろんな思いをして帰ってきました。ということで、『般若心経』に入りましょう。だいぶ終わりに近づきましたね。

「菩提薩埵《ぼだいさった》　依般若波羅蜜多故《えはんにゃはらみったこ》　心無罣礙《しんむけいげ》　無罣礙故《むけいげこ》　無有恐怖《むうくふ》　遠離一切顛倒夢想《おんりいっさいてんどうむそう》　究《く》竟涅槃《きょうねはん》」。ここをやります。菩提薩埵《ぼだいさった》は般若波羅蜜多《はんにゃはらみった》によるがゆえに心に罣礙《けいげ》なし、罣礙《けいげ》なきがゆえに恐怖あることなし、一切の顛倒夢想《てんどうむそう》を遠離《おんり》して涅槃《ねはん》を究竟《くきょう》する。訓読みしたらこうなります。訓読みしてもちっともわからない。これから説明します。

この前に「無所得《むしょとく》」ということが出てきました。何も持たないということ。『般若心経』は一切の万物は皆空、すべては空だということを繰り返し言ってきました。五蘊も空、十二因縁も空、四諦も空。つまりそれは、そういうものにとらわれるな、ということです。とらわれるということは執着になる。執着になることはすべてよくないというんで、『般若心経』の中ではそれを全部否定してきたんです。難しい言葉や解釈を覚えて、「私はわかったわ。寂庵へ行って、寂聴さんの話を聞いて、『般若心経』はほとんどわかったわ」なんて思うでしょ。でも、その智慧も何も得たわけじゃないと言う。そんなのは空ですよと(笑)。

「菩提薩埵」はサンスクリットのボーディサットヴァの音訳で、菩薩のことでしたね。迷いの多いわれわれ凡夫と、理想の仏の如来との間に位置するのが菩薩、それは今までに説明しました。菩薩は、われわれを救うために人間に近い姿で助けにきてくれる仏さま、そういうふうな解釈もできるんですね。だから菩薩というのは、位で言えば如来とわれわれ凡夫の間にいるようだけれども、それは如来が仮りに菩薩のかたちに化けて、私たちに近づいてきてくれる、助けにきてくれると考えてもいいわけです。

また人間がいくら修行をしても、われわれがどんなに逆立ちしても、絶対如来にはなれませんが、菩薩行という修行をすれば、菩薩にはなれるというふうに考えます。この菩薩行とは、六波羅蜜のこと。六波羅蜜はもうそらで言えますか。布施、持戒、忍辱《にんにく》、精進、禅定、智慧ですね。六波羅蜜を行ずることによって菩薩になる。菩薩になったらどうなるか。心が自由になります。いろんなくだらないことにとらわれない、こだわりのない心になるんですね。「心無罣礙《しんむけいげ》」とはそういうことです。心に妨げるものがなくて、自由自在であるということ。自由自在——自由は自らによる。自在は自らに在るということ。他からの束縛を受けず、自分を中心にして何ものにもふりまわされないということです。何々から解放されて自由になるというのではなく、心にわだかまりのないことを自由とか自在と言います。

こだわりのない心には、恐れもありません。人間の恐怖はいろいろあるけど、四苦八苦に代表されますね。その中でも最も恐ろしいのは死です。われわれは絶対死にたくないのね。癌になって死ぬのもいや、エイズになって死ぬのもいや、自動車に轢かれるのもいや、飛行機が落ちるのもいや。死ぬのはいやですね。その大いなる死への恐れさえも、般若の智慧に目覚めて、心にこだわりがなくなると、消えてしまいますよと言ってるんです。「無有恐怖《むうくふ》」ね。

人間が幸福になるとは、結局のところ自由になって、心にこだわりを持たなくなって、何ものも恐れなくなることなんですね。仏教というのは人間の幸福、自由自在な心を得ることを勧めること、それを求めることなんです。亭主の地位が上がらないとか、息子がいい大学へ入らないから近所に恥ずかしいとか、そんなことにこだわりなさんなってことです。あるがままでいいじゃありませんか。心を自由自在にしなさい。それが人間が幸福だということなんですよ。それを教えています。だから洗濯機を客間に飾ったっていいじゃないの、と。

言い換えれば、悟るというのはこういうこと。自由自在の心を体得するって、なかなかできないことだけど、そういうものだと思ってください。そしてくよくよした時は、私は今こだわってるな、自分の心、自分の見栄にこだわってるなと、このことを思い出してください。

「遠離《おんり》一切《いっさい》顛倒《てんどう》夢想《むそう》」――「顛倒」というのは反対、逆さのこと。ものごとを正しく見ないで逆さに見る、ありもしないことをあると思い込む。さっき蜃気楼の話をしたでしょう。幻の湖をあると思って、行けども行けどもなくて死んでしまう。それと同じように、ありもしないものをあると思い込むのは、とても辛いことです。美人でもないのに、自分では天下一品だと思い込む。そして、どうして私はこんなチビで出世しない亭主を持っているのか、なんて思うんですね。これは辛い。それから才能もないのに天才だと思ったり、好かれてもいないのに惚れられていると思ったり、こういうのは辛いでしょう。「夢想」もやっぱり同じことです。夢の中の幻、砂漠の蜃気楼みたいなものですね。

「遠離」は突き放すこと、遠ざかること。現実離れした逆さまの妄想を突き放しなさい、妄想から遠ざかりなさいということね。妄想を捨てるというのは、ものごとを正しく見る――正見することでしょう。これは八正道に通じます。昔の人は人生は夢幻のごとくなりと言ったけど、正確にそれを見極めることが正しい智慧、般若の智慧なんですね。それが仏教の一番求めるところです。般若の智慧を私たちは身につけましょう。それによって、ものごとが正しく見えます。そうすると究極の「涅槃」に達するのです。

「涅槃」というのは何度も話したでしょう。仏さまが亡くなった時の図を涅槃図と言うから、死ぬことを「涅槃に入る」と一般に思われているけど、「私は今に涅槃に入ります」なんて言ったら笑われる（笑）。これは仏さまにしか使わないんですよ。「涅槃」はサンスクリットのニルヴァーナで、燃えている炎が消えることです。ものごとが非常に静かになった状態です。炎というのは、煩悩の炎と考えてください。煩悩の炎が燃え盛っているのが、われわれの心の状態ですね。あれが欲しい、これがしたい、何か食べたいって……。それがなくなった平安静寂の世界を「涅槃」と言います。涅槃に入るとは、永遠の平和に入ることです。

往生するという言葉があるでしょう。往生は死ぬことだと私たちは思いますね。けれども、この字を見てください。往きて生まれると書く。ですから、ただ死ぬことじゃないんです。往きて生まれるとは、あの世に行って、そこで生まれ変わるということ。つまり永遠の生命を生むということです。結局仏教では死ぬことを、死んでなくなるとは考えない。あの世において生まれる、永遠の生命を生むというふうに解釈します。

お経の中に無常偈《むじょうげ》というのがありますが、ちょっとこれを覚えておいてくださいね。偈《げ》というのは詩です。韻を含む。無常偈は「諸行無常《しょぎょうむじょう》　是生滅法《ぜしょうめっぽう》　生滅滅已《しょうめつめっち》　寂滅為楽《じゃくめついらく》」です。滅已《めつい》は連声で「めっち」と音が変化します。この世の一切のものはとどまることがなく、常に変わっていく。花が咲いても、それはやがて散るんです。空の雲もひとところにいることはないですね。そして生じたものは必ず滅《めっ》す。だから生まれたり死んだり、ということにとらわれている自分の心を滅ぼしなさい。そうすれば涅槃静寂の境地に入ります。こういう意味です。宗派によって違いますけど、お墓に死者を送る時、幡《ばん》を持っていくことがありますね。あの幡には坊さんがこの四つの言葉を書くんです。この人はただ死んだんじゃなくて、永遠の生命を得られたんですよと言って、残された者の心を慰める、そういう意味で無常偈を幡に書く。

お釈迦さまの根本の教えというのは、こういうことです。人が死ぬとは往生すること。

私たちは死ぬのをとても恐れるけれども、それは死んで滅びるんじゃなくて、往きて生まれるんだと、永遠の生命を得るんだというふうに考えましょう。そうはいっても、やはり別れは悲しいですね。ですから愛する者が死んだら、ワンワン泣けばいいんです。そして泣いたあとで、私の愛する人は亡くなったんじゃなくて、永遠に滅びることのない生命に入ったんだと思い直しましょう。

ということで、六波羅蜜の行を積んで、般若の智慧が体得できたならば、すべての不安や恐れから解放される。心に何のわだかまりもない自由自在の人となって、一切の迷いを打ち破り、真の悟りの境地に達することができる。それを説いたのが、この段です。

九 三《さん》世《ぜ》諸《しょ》仏《ぶつ》——時間も空間も超えて

皆さんは、京都で古都税ということでずっと揉めていたのを、ご存じでしょう。古都税って、ちゃんとわかってますか。お寺が日頃うんと儲かっているので、市がお寺からたくさんお金を取ろうとするのだと思ってた人、いるんじゃありませんか。一般の人はそう思っているんですね。それでお寺が取られていい気味だと思っていた人、手をあげてみて（笑）。遠慮しなくていい。案外少ない。それでは私には関係ないわって、何とも思わなかった人は？　だいたいそうね。関係ないと思ってた人は、お寺にお参りなんか行かないわけですね。じゃあ、どうしてここへ来たの、ここもお寺なんですよ（笑）。寂庵はお寺だと思ってない人が多いみたいですね。

どうでもいいけど、ここはお寺です。覚えておいてくださいね。「曼陀羅山寂庵《まんだらさんじゃくあん》」というお寺なんです。単立《たんりつ》寺院といって、どこにも属さない、どこからも制約されないお寺。宗教法人のちゃんとしたお寺なんだけど、ただ、弟子を取ったり、私が誰かを出家させたりはできないんです。ご存じのように私は東北の天台寺というお寺の住職にもなっていますが、そこは単立寺院ではなくて天台宗のれっきとしたお寺。お寺には、そういういろんな種類があるんです。

古都税というのは、京都市がとても財政困難になった。そのため市長が考えたわけです。どっかからよけいにお金をもらわなきゃ、とてもやっていけない。だけど市民に対してたくさん税金をかけると、市長さんの人気が落ちるでしょう。それで、お金のたくさん儲かっているお寺に、少し協力してもらおうと思ったわけですね。「あんたのお寺は、たくさん儲けているから、少し出してちょうだい」と言えばよかった。でもそう言わないで、古都保存税というものにしましてね、「古都のいろいろ大切なものを保存していかなきゃならないから、それを守るために、あなたたちのところへお参りにくる人たちから、もう五十円ずつ多く取ってちょうだい」と言ったんです。

お寺の拝観料というのがありますね。だいたいお寺へ行ったら、入口でお金を取られるでしょう。おかしいと思うんですけどね。風呂屋とか劇場じゃあるまいし。お寺というのはお参りに行くところですからね。けれども、いつからかそういうふうになっている。特にいいお寺――と言うとおかしいかな、国宝とか有名な庭とか、とにかく見せる値打ちのあるもののあるお寺、そういうお寺では、それが観光資源みたいになっていて、拝観料を取るんですね。払わないと中へ入れてくれないし、仏さまを拝ませてくれないし、素晴らしい庭も見せてくれない。そういう在り方がずっと続いてきたんです。

その拝観料に京都市が「五十円つけてください」と水増し要求をしてきた。あなたたちは食堂へ行って何か食べると、飲食税というのを取られるでしょう。タバコを買っても、その値段には税金が含まれています。その分のお金はお店が取るんじゃなくて、税金として国に出してしまうのね。つまり古都税というのは、あなたたちにかかってきたわけ。それもお参りに来るのは京都の人じゃなくて、たいてい遠いところからわざわざお参りに来ているんですからね。そういう人たちから取るという税金だったんです。だから本当はあなたたちが怒らなければいけない。だけどあなたたちは、どこへ行ってもプラス税金というのを取られているから、わりと麻痺してるんですね。そんなに何でもかんでも税金を払うことはないんですよ。これは払っていい税金か、払う必要がないかってことを、ちゃんと検討して、政治と戦わなければいけない。みんな手を組んで、払いたくないって頑張ればいいんです。その古都税はおかしいじゃないかって。

ところが、京都ではお坊さんがあんまり評判よくない。お坊さんはお金ばっかり儲けて、それで頭にベレーかぶって祇園なんかに行ってる、祇園で石を投げたら医者と坊主と大学の先生に当たるなんて（笑）。そういうふうに、とにかくお金を儲けているというイメージが、京都ではとても強いんです。だけど、お寺もたくさんあって、全部がそうじゃない。本当は儲かってるお寺というのは数えるほどしかなくて、多くのお坊さんは食べられないんです。それで住職が学校の先生になったり、村役場に勤めたり、いろんなことをして内職――本職かな、そういう仕事をしているわけですね。私もお坊さんじゃ食べられないから、相変わらずものを書いている。好きで書いているということもあるけど、書かないと、とうていここを維持していけないんです。

こういうお寺には古都税はかからない。そんなにお参りに来ないし、もともとお金を取っていませんから。取ってはいないけれど、善男善女が入れてくださるわけね。それはお布施で、税金はかからない。これ、知らなかったでしょ。お布施には税金がかからない。あなたたちが、お布施じゃ少なくて気の毒だ、私はもっと個人的にあげたいわって、たとえば百万円を包んでこっそりくれる。それにも税金はかからないんです。こっそりでなくて、おおっぴらに置いていってくれてもいいの。ちっとも遠慮いたしませんよ（笑）。

何にかかるかというと、お寺でも商売しているところがあるでしょう。駐車場で料金取ったり、いろんなものを売っていますね。それは税金がかかる。それでも皆さんが普通の商売をしていて払う税金より安いんです。宗教法人のそういう収入に対しては、何割か引いてくれる。やっぱり、人のためにいいことをしているというわけで。ところが今のお寺は、あんまりいいことをしていない。何とかしてお金をたくさんもらいましょうといって、入口で取るわ、中で取るわ、鐘叩いたら取るわ、お線香あげたら取るわ、話を聞いたら取るわ、もう取ることばっかりしか考えなくなった。それでみんな、だんだんお寺に行くっていっても、拝みに行くというありがたみがなくなって、お金払って何かを見に行くような気持になっちゃったんですね。お化け屋敷を見に行くのと変わりない。そこにいる坊さんにも、あれは説明役の男だなんて、だんだん尊敬の念が薄らいできたんです。

そういうところを、京都市は見抜いたんでしょうね。お寺は宗教活動をしていてこそお寺だけど、今のお寺は何となく料理屋や映画館と同じようだから、そこに税金を上乗せしてやれってことになったんです。

それに猛反対が起こった。といっても、われわれのように取られないところは関係ないの。けれども本当にたくさん儲けていて税金のかかるところは、大変に反対したんです。理由はちゃんと立っているんですね。宗教に対して税金をかけるのは何事だと。これはもう、こっちのほうが正しいんですよ。そこのところは、皆さん間違えないでね。古都税というと、とにかく坊主が悪いと思われてるけど、それはなぜそうなったかというと、争いのために大きなお寺が拝観停止ということで、門を閉じてしまったからなんです。この税金の問題が解決するまでは誰も入れませんって、門を閉じちゃった。

それでもそういうお寺は、別に困らないんです。さんざん儲けてるから、一年ぐらい閉じていても大丈夫なの。その間に壊れたところを修理できるし。でもお参りに来る人たちは困るでしょう。もう何年も前から計画をたてて、やっと休みを取って、行ってみたら有名寺院は全部閉ざされている。本当に楽しみにして来た人たちがお参りできない、これは大変なことですね。それで社会問題になったんです。お寺はいったい何をするところだ、お参りに来た人を入れないっていうのは、いったいどういうことなんだって。

結局、最後まで頑張ったのは、六カ寺ぐらいかな。古都税は間違ってるという大義名分は立っているのね。古都税は間違っているんです。間違っているんだから断わっていいんだけれども、門を閉じたというやり方が、みんなの反感を買った。国宝や重要文化財の仏さまは、何もお寺のものではないじゃないか、と国民は怒ったんです。それは怒るのが当たり前です。同時にお寺に対して、日頃から尊敬心がなくなっているでしょう。お金ばっかり儲けてやがるって気持が、皆さんの中にありますからね。それで自分たちが五十円取られるってことをわすれちゃって、お寺がまた税金を取られるんだ、いい気味だと思った人が、いっぱいいるんですよ。でも、そうではないのね。本当はあなたたち、信心深い——かどうかは知らないけれども（笑）、お寺にお参りに来た人から取ろうという税金だったんです。

それですったもんだ揉めに揉めているうちに、間に何か利害が絡んだような人が調整に入ったり、市長選挙があったり、いろいろ低次元の、まったく宗教と関係ない金力と権力の争いになってきて、ずいぶんみっともないことになってしまったんです。京都にとっては、イメージダウンも甚だしいでしょう。ちょっと心ある人は、もう京都なんか行かなくてもいいわ、ということになった。観光客が来なくなるから、旅行社も旅館もタクシーも、それから門前町のお店も、みんな困ったんです。みやげもの屋なんてほんとうに閑古鳥が鳴いて、中には一家心中で首吊ろうかなんていうのも出てきたんです。六十一年度の観光関係の収入は、約三百億円ダウンした。もともと足りない十億円が欲しくてやったことなのに、それで三百億円なくしたんです。

最後は十年間の施行というのを二年九カ月で打ち切ることになって、かたちとしては頑張ったお寺が勝ったわけ。でも私は、これは勝ったとは言えないと思う。あまりに見苦しくて。結局足りないお金はどうするのかも解決していないし、問題はいっぱい残っているんですよ。

それで私が言いたかったのは、お寺というものに対して、皆さんがどういうふうに思っているかってことです。ここは曼陀羅山寂庵というんですが、この建物を建てた時、私は道場のつもりでしたから、「嵯峨野僧伽《さんが》」と名づけたんです。今までここに来ている人には何度も話しているけれども、お釈迦さまがサルナート（鹿野苑《ろくやおん》）というところで初めてのお説法をした時、それを聞いたのは五人のお坊さんだったんですね。その五人のことをサンスクリットで「サンガ」と言った。漢字を当てて「僧伽」。目的を一つにして、思想を一つにして勉強する仲間、同志ということです。僧伽がどんどん増えていって、向こうは雨季なんか大変ですから、王さまとか大金持ちが、屋根のある家を建ててくれた。これを伽藍と言って、お寺のルーツだったんですね。

だからお寺の原点は僧伽です。それで私はここに「嵯峨野僧伽」というのを建てたんです。僧伽とは、もともと志を一つにする者たちが修行をする場所ですからね。人生とは何かとか、われわれはなぜ生きるのかとか、死んだらどうなるのかとか、そういうことを考えるところね。瞑想し、修行し、勉強するところ。それからお釈迦さまのお説法を聞くところ、僧のお話を聞くところ。それも修行でしょ。そういうところが僧伽なんですね。そこには喜びがあって、心が憩うから、私はそれにプラス「憩いの場所」とつけたいんですけれども。

お寺はそうであらねばならないの。国宝級の仏さまをお祀りして、お金を取って見せて、側へ寄っちゃいけませんなんて言って、そういうところじゃないんです。お坊さんがちゃんとお説教して、悩める人たちには相談に乗ってあげて、仏さまの教えを話したりする。これがお寺なんですね。そういうお寺の原点に帰ろうと思って、私はこれを建てたわけです。

ところがそれが、たまたま古都税問題のまっただなかにそうなった。私は始めから、ここはお金をもらわないお寺にするつもりだったんです。入口で拝観料取るっていったって、この程度の仏さまで——ごめんなさい（笑）、お金を取るほどのことではない。庭だって、皆さんのうちの庭のほうが立派でしょう。結局お金をもらえるようなところじゃないから、もらわない。たとえ貰えるようなお寺になっても、私はもらわないですよね。もらうべきじゃないと思いますから。もらうべきじゃないといったって、これでも冷暖房つきですからね。ここで働いている人にもお金払わなきゃいけないし、けっこうかかるんですよ。でも私はそういう、仏教の一番原始的なかたちに立ち帰ってやってみようと思って、ここを建てたんです。

それがたまたま古都税さわぎの真最中だったから、私がわざと嫌がらせに、そういうふうにしてると思ったんでしょう。ここへお客さんを乗せてきた運転手が、小さい声で「庵主さん、もうじきここつぶれるって評判だよ」って囁くの。「誰がそんなこと言ってるの」「いや、この近所の観光寺ではみんな言ってる」「どうして?」「いやあ、瀬戸内さんは今は恰好よくしてお金取らないなんてやってるけど、それでやってけるはずがないじゃないか。だから、今にうんとお金を取るか、つぶれるか、どっちかだって」と言うんですよ。それから、そういうところは寂庵のように狭くないから、草取りをするにもお金がかかるって言ってるんですって。だから私は新聞に書きました。本当のお寺なら、草がぼうぼうに生えたら、放っておいても人が必ず抜いてくれるって。そうすると「また、あんな恰好いいこと言って。今の人が誰が抜いてくれるもんか。花なら抜いていくけど」って、私は笑い者にされたんです。

でも、そうじゃないんですよ。ただで草取りに来てくれる人が本当に出てきました。日曜日ごとに、名古屋のお医者さんの息子さんが、草を抜かしてくださいって来てくれて、もちろんその人はお金なんか取らないんです。いくら汽車賃渡しても取らない。すると、また違うおばあさんがやってきて、あの人一人がしているのは気の毒だから手伝いましょうなんて言ってくれる。こっちが欲張らなければ、人っていうのはそういうふうにしてくれるんですね。いえ、私は「人」じゃないと思う。それは観音さまがその人の姿を借りて、来てくれているんだと思うんです。こちらが本気で皆さんのためにと思ってすれば、そうやって仏さまは必ず助けてくださる。それが冥加《みょうが》ですね。一生懸命信心すれば、黙っていても助けてくださる。くださらない時もあるけど、それはこっちの心が足りないんですね。

この五月に私は、岩手県の浄法寺《じょうぼうじ》町にある天台寺というところの住職になったでしょう。そこはとても古いお寺で、奈良時代からあると言われているんです。本当は平安時代だと思いますけれども。そういう古いお寺で、重要文化財の仏さまもあるんですよ。だけ

蕗の葉で陽差しをさえぎり法話を聞く

ども荒れ果てて、お参りもまったくなかったんです。そこでは、私は毎月五日に法話を始めました。晋山式《しんざんしき》が五日でしたから、それに因《ちな》みましてね。そしたらどんどん人が集まってくれて、十月の五日には五千人来てくれたんです。

天台寺はずっと古くから、十月五日が秋のお祭ということになっていたんです。でもここ十二、三年は誰も来ないので、もう止めていました。それを私が、ちょうど法話の日だし、せっかくだからお祭をやりましょう、誰も来なくてもいいじゃないですかって言ったわけです。お祭って何をするかというと、本堂にちょっと恰好よく幕を張って、それからお神輿《みこし》が出るんです、お寺なのに。このお寺は神仏習合《しゅうごう》ですから、みんなお参りに来て手を叩くんですよ。そういうところだから、お神輿がある。お神輿と言えば、皆さんはワッショイ、ワッショイって練り神輿を思うでしょう。ところが天台寺のは変わっていて、みんなが黒紋付の羽織袴姿で、そして額に三角の、ほら死人がつける、あれをつけて、お神輿を担いで境内をしずしずと回るんです。つまりそれは、お葬式なんですね。南北朝時代に南朝の天皇が東北に逃げてきて、そこで亡くなったんですって。その天皇のお葬式が今に伝わっていて、お祭と言えばお神輿を出して、回るだけ。

そのお祭の日に朝三千人、午後二千人来たんですよ。でも本堂に入れるのは、どんなに詰めても二百五十人ぐらい。幸いお天気だったので、外の土の上にゴザやテントの幕を敷いて、そこに座ってもらったんです。山は全部で六万坪あるから、境内は広いんだけど、その広い境内がビッシリになっちゃったわけね。そこでマイクを持って法話しました。もちろんお金は取らない。これで百円ずつ取ったら……と、そんな浅ましいことは考えないけども（笑）、もらわないでやってるんです。だけど頼まなくても、やっぱりお賽銭が入っていて、私の晋山式の時よりもっと入ってました。はっきり言うと皆さん仰天するから言わないけど（笑）。

そんなふうに、誰も来なかったお寺に、みんな来てくれるようになった。一番遠くから来た人に記念品を出そうと思って聞いてみたら、鹿児島から自動車で来た人がいたんです。それはやっぱり仏さまが呼んでくださったと思います。とにかくお坊さんが一生懸命にすれば、誰かが応えてくれるんですよ。お坊さんがさぼっているから、いろんな問題が起こる。仏さまがちょっとお灸を据えているんでしょう。仏さまというのは、だいたい許す方ですから、罰を与えないのね。だけどちょっとお灸ぐらい据えるんじゃないかしら。そう私は解釈するんです。

お寺はお金儲けするってことから頭を離してしまえば、仏教はもう一度正しい姿になって、皆さんの心に浸透すると私は思います。そんなに浅ましく、くれくれって言って取るもんじゃないですよね。ですから古都税というのも、たまたまこういうかたちで膿《うみ》が出たんだと思います。この際、市も市議会も、全部反省しなけりゃいけない。けれどもお寺そのものは、もっとも反省しなければいけない。さらに京都の市民も反省しなければいけないと思うんです。まるで自分のことじゃないみたいな顔をして見過ごしてきたことはいけないし、間違いは間違いって、徹底的に立って言うべきなんです。そういうわけで、みんなが反省しなければならない一つの問題を与えられた、ということだと思います。

さて『般若心経』は今日、「三世諸仏《さんぜしょぶつ》　依般若波羅蜜多故《えはんにゃはらみったこ》　得阿耨多羅三藐三菩提《とくあのくたらさんみゃくさんぼだい》」のところをやります。まず「三世諸仏《さんぜしょぶつ》」の三世、これは何かというと過去、現在、未来、この三つの世ですね。仏教では三という言葉がとても好きです。それは数の三じゃなくて、無限ということを表している。ですから三世というと過去、現在、未来をいうんですが、過去といったって遠い遠い過去。過去はどこまであるかわからないでしょう。未来だってそう。そうするとこれは、もう果てしない過去から限りない未来ということ。無限の時間が三世です。永遠の時間ですね。

それから三世十方《さんぜじっぽう》という言葉がある。十方というのは、東西南北が四方でしょ。それに北東、東南、南西、西北とあって、これ全部に今度は上と下がある。つまり回りの空間の上と下全部、これは無限の空間です。三世十方は永遠の時間と無限の空間ということなんです。仏教では永遠の時間と無限の空間を常に想定するんですね。そしてそこに無数の仏さまがいらっしゃると考える。これが仏教の特徴なんです。キリスト教は一神教、イスラム教も一神教ですが、仏教は多神教、汎神《はんしん》と言うんですね。神さま仏さまはたくさんいると言う。

どうしてそういう思想になるかというと、仏教ではわれわれ人間――衆生のすべての中に仏性《ぶっしょう》があると考えるわけです。はじめから仏になる尊いものをいただいていると考えるんですね。それを育てていって悟れば、仏になるという。しかも人間だけじゃなくて、森羅万象、あらゆるものに仏性が宿る、と仏教では考えるんです。平たく言うと、すべての人間が悟れば、人間の数だけ仏があっていいし、あそこに歩いている猫も、悟れば仏になる、木も仏になるんですね。「一切衆生悉有仏性《いっさいしゅじょうしつうぶっしょう》」という言葉、これはよく出てきますから覚えておいてください。あなたがたすべてに、ことごとく仏性が宿っているという意味です。お釈迦さまも人間でしょう。われわれと同じ人間。そして修行して悟ったからこそ、仏陀になったんでしたね。悟った人間はみんな仏陀なんだけれども、その中で最高にすぐれた仏陀がお釈迦さまだったんです。「三世諸仏」の諸仏というのは、こういうことなんです。あらゆる場所に無数の仏さまがいると考えるのです。

私が出家した翌年、比叡山の横川《よかわ》で修行をした時、三千仏礼拝《さんぜんぶつらいはい》という行《ぎょう》をしました。つまり過去仏千仏、現在仏千仏、未来仏千仏、あらゆる仏さまにお辞儀をする。そのお辞儀が普通のお辞儀じゃない。五体投地礼《ごたいとうちらい》です。五体投地には身体全体でパタッと寝る方法もあって、インドに行くとやっています。日本のお寺でやるのは、もうちょっと品がいい。おでこと両肘、両膝を地につけます。こうやって……。立つ時も手をつかないの。ちょっとやってごらんなさい。痛いでしょう。身体が固くなっているとできない。

これを一日に三千回、朝の四時ごろから夕方の七時ごろまでかかって、やらされるんです。もう、すごく痛いですよ。おでこの当たるところが擦りむける。だから、そこはタオルを置いてよろしいということになっているんです。おでこが当たるのはこのへんだなと、タオルを置いてバーンとやるんですけれども、そんなのが分かるのは始めのうちだけ。二百回もしたら、目がかすんでどこにタオルがあるかわからない。身体がどっち向いているか、わからないんです。それで汗は出る、鼻は出る、涙は出る。大変ですよ。ここより何倍か広いところで、みんな内側に向いてやってるんですが、気絶する人も出ますね。そうすると、気絶した人にバケツで水をぶっかけるの。その人が立ち上がるのを待って、またやるんです。みんなに迷惑がかかるから、気絶もできない。そりゃ、きつかったですよ。なぜこんなことをするのかと、疑問に思うでしょう。私も先生にお伺いを立てて、「これは何のためにするんですか」と言ったんです。「問答無用」って怒られました。でも「それでもわからないんですが……」。そしたら「仏を見るためだ」と言われたんです。「そうですか。それじゃ三千回やる前に、途中で仏さまが見えたらどうしましょう」ってきいてみました。私は小説家だから、想像力はありますよ。だから「見えた」って言ってやろうかと思ったんです。そうすると、その時はどんな仏さまを見たかって聞かれるそうです。どんなお顔で、印はどういうふうにしていたとか、衣はとか。どうせ嘘だとわかっていますから。「おまえは嘘をついている」ということで、五百回ぐらいで見えたと言えば「これから三千五百回」なんて言われるそうです。そんなのはちょっとたまらないでしょ。だから、これはやっぱり最後までやろうと思って、頑張ったんですよ。でも何とか水もかけられずに、全部できたんです。

三千回くらい拝んだって、仏さまは見えやしません。一度、二千五百回ぐらいの時に目の前がキラキラッとしたんです。「見えた！」と思ってカッと目を開いた。だんだん夕方になってきて、夕日がパーッと射して、道場の上のほうのガラスの入っているところに当たって、外の木の葉がキラキラキラッとしただけでした（笑）。ただ、そういうふうに身体を傷めつけて夢中でやっていると、自分が無になります、確かに。そのために、そういうことをさせるんだと思います。

そのあとは、もう身体が痛くて痛くて。その痛い身体で、翌日からはこれを五百回ずつやるんです。三千回は知らないから無我夢中でやったけども、翌日からはもっと辛かったですね。私たちは二階に部屋があるんですが、階段の上り下りができないんですもの。這って上がって、這って下りるんですよ。そんな身体で五百回ずつ。先生もくたびれるから、いちいち来ないんですね。お盆に豆が五百のっていて、一回やったら豆をこっちのお盆へ移すわけ。私は豆を食べてしまおうかと思った。食べれば減るじゃないですか（笑）。ほかにも悪いのがいて、「食べようか」なんて言っているところに先生が入ってきて、豆を勘定するんです。きっと毎回そういう人がいるんでしょうね（笑）。それで結局、食べないで全部やりました。

そういうわけで、三千仏というのは過去、現在、未来のあらゆる仏さま。その三世の諸仏も、般若波羅蜜多の智慧を体得して、それによって仏になれたんですよ、ということですね。言い換えれば、仏になるには般若の智慧を体得しなければならないということです。智慧といっても仏になる智慧だから、１＋１＝２なんて覚える智慧じゃない。ものごとを正しく判断する智慧のことですね。そしてそれは、何ものにもとらわれない心です。お金にも地位にも人の心にもとらわれない。そういう、すべての執着を離れた無際限な自由が、悟りということになるんです。空の智慧です。空はからっぽではなくて、いろんなものが満ち満ちているんです。その空の智慧を身につけましょう。それによって、われわれも仏になることができますと。

ここで『般若心経』の最初の部分を思い出してくださいね。観音さまが般若の智慧を磨いて、一切は空だということを体得されたのちに、衆生のあらゆる悩み苦しみを救われた――この部分に、今話した段は照応しているんです。

その次に「阿耨多羅《あのくたら》三藐《さんみゃく》三菩提《さんぼだい》」というのがある。阿耨多羅《あのくたら》はサンスクリットのアヌッタラーで無上、最高という意味、三藐はサミャクで正しい、三菩提はサンボーディですべての智慧の集まりです。仏の悟りは最高に優れており、正しくて普遍のものなんですね。自分だけが正しいと思っていても、みんなに通じなければ何にもならないでしょう。でもこれは、非常に普遍性を持っている、誰にもわかる正しい悟りだということです。無上《むじょう》正等覚《しょうとうがく》とか無上正遍知《むじょうしょうへんち》とか言います。

千二百年前に比叡山を開いた伝教大師最澄《でんぎょうだいしさいちょう》が、まだ若い頃、比叡山に登ってお堂を建てたんですが、その時に詠まれた歌が「阿耨多羅　三藐三菩提の　仏たち　わが立つ杣《そま》に冥加あらせたまえ」——あのくたら　さまくさぼじの　ほとけたち　わがたつそまにめかあらせたまえ——というんですね。これは若き日の最澄が、まだ開かれていない比叡山の頂に立って、昇ってきた朝日に向かって、彼は祈った。阿耨多羅三藐三菩提の仏たち、自分が立っているこの山に、どうぞ冥加をいただかせてください、どうぞお守りくださいと。何かズーンと力強い、新しい宗教の暁というものが感じられるでしょう。大変な自信に満ちた、そして信仰に支えられた、気宇壮大な歌だと思います。私はこの歌が、とても好きです。嫌な気分になった時に言うと、偉くなったような気がしてスッとするんですね。

結局この章は、時間も空間も乗り越えて、すべての人間が正しい悟りを得ることができます、仏になれますよと、われわれに約束をしてくれているんです。ですから『般若心経』の中で、もっとも力強い部分です。今まで観自在菩薩から始まって、こうしましょう、ああしましょうとか、この世は空であるとか、いろんなことを教わってきました。そしてここで、こういうことを私たちはなぜ習うのかを言っている。すなわち、われわれの中に仏性があって、一生懸命に波羅蜜を行じたら、必ず仏になれる、仏さまの冥加をいただくことができるからです。その仏の約束をここに示してくれている。非常に大切なところですね。これですべての教えが終わります。

あとは呪《じゅ》ということを言っています。今までのは説明でしょう。次からはオーケストラの最終楽章で、呪——おまじないです。では、今日はここまでにしましょう。

十　呪《じゅ》――真言は仏の真実の言葉

今日は一番遠くから来ている人は、どこからかしら。東京、東京のどこですか。ああ、下連雀《しもれんじゃく》ね。私、下連雀には住んでいたことがあるんですよ。引っ越し魔で、もう年の数ほどたくさん引っ越ししていますから、たいていのところには住んでいるんです。三鷹駅の南口を突き当たって、右へ行きますと、太宰治とか森鷗外のお墓がある禅林寺というお寺があります。そこのちょっと手前に下田という、煙草とか駄菓子とか日用品を売っている家がありました。その頃、その通りはまだ欅の大木があって、昔のまんまの静かでとてもいいところだったんですよ。

私は昭和二十三年に家を飛び出して、それから京都に行きまして、二十六年に上京しました。しばらく女学校時代の友だちの三鷹の家に転がり込んでから、その下田という荒物屋さんの八畳の離れに移りました。下田シュンというおばあちゃんがいて、独身で荷物も少ないなら来てもいいというので話がまとまったんです。その時におばあちゃんが「商売は何だい」って聞くんです。小説を書こうとしていた頃で、まだお金にはなってない頃ですけど、小説家だと答えたの。そしたら「ふーん、小説家はすぐ自殺するよ」。なにしろ三軒向こうの禅林寺に、太宰のお墓があるでしょう。その弟子の田中英光《ひでみつ》という人が太宰の死後しばらくしてやって来て、下田で煙草を買ったんですって。大きな人だったから覚えていると言うんですね。そして太宰のお墓の前で煙草吸ってお酒飲んで、その場で自殺しちゃった。「小説家は死ぬからねえ」「私は死なないから置いて」「じゃあ、いいよ」(笑)ということで、そこに置いてもらえることになったんです。

そこでお友だちのところから自分の身体と蒲団だけ持って行くと、「おまえさん、荷物はそれだけかい」って、心細そうに見る。「大丈夫、小説家は荷物はいらないの。紙と鉛筆があればいいんだから」と言ったんですけどね。他には何もないから、まず机が必要でしょう。吉祥寺の公園の入口にあった古道具屋さんで、当時のお金で七百円という机を買いました。部屋代がいくらだったかな、二千円しなかったと思います。そういう時代。そうそう、確か七百五十円のを七百円に値切ったんだわ（笑）。とてもいい机で、だいぶ長いこと使っていました。あとは、下田の家は品物を仕入れる時のいろんな箱があったから、それを分けてもらいまして、紙を貼って積み上げて、本箱にしたわけですね。そういう生活から始まったんですよ。

その家から毎日、歩いて三鷹の駅に出て、中央線に乗って小学館へ行くんです。小学館で仕事をするつてだけはついていましたから。小学館へ行って、ご用はありませんかって机を回る。すると編集者が『幼稚園』から『女学生の友』まで、いろんな仕事を出してくれるんです。それからお隣の集英社でも、『少女なんとか』っていうような雑誌に、いろいろ書きました。童話や少女小説を書いたり、昔の物語を短くして書いたり。だいたい絵物語ですから、絵が先にあって、原稿は何行何字ってレイアウトされているんですね。だから私、今でも何行何字っていう原稿はとても上手いの。パッと入る（笑）。これはその時の訓練のたまものなんです。

そういうことをして、大変な生活でしたけれども、私はちっとも情けなくなかった。今は「こんにちは。ご用はございませんか」なんて、ご用聞きみたいに編集者の回りを回っているけど、これは仮の姿だと思っていましたから、そのうちに、ちゃんと才能を現して、小説家になるだろうって自信があったんです。無茶苦茶な自信ですけど、そう思わないと生きていかれないでしょ。もちろん童話作家が悪いとか低いとか言うんじゃないんですよ。童話はとても大変なものだし、ちゃんとした童話を書く人がいなくちゃいけない。私も書いていてとても楽しかったし、だから童話がどうこうではなくて、私は大人の小説を書きたかったのね。でもその頃はまだ使ってくれなくて、とりあえず食べるために、そういうことをしていたんです。

今でも十七日という日を思い出すんですが、その日が小学館の給料日なの。原稿料は今は銀行振込ですが、その頃の小学館は作家がお金を取りに行ったんです。窓口があって、そこで「はい、誰それさんはいくら」と、袋に入れてくれる。私はいっぱい書いていますから、わりあいにたくさんもらってました。でも原稿料自体はすごく安くて、一枚三百円ぐらいで書いてたんです。それが当たり前だと思っていたんですよね。

ところが、田中澄江さんが、まだお会いしたことはなかったんだけど、私の原稿を見て「この人はうまいじゃないの」って褒めてくれたんですって。それを編集者が、私を励ますつもりで伝えてくれて、そのついでに「田中澄江さんって、とても偉いんですよ。原稿料は一枚二千円です」と言った。それを聞いてカッときちゃったんです。それまで原稿料にはランクがあることを知らなかったんです。のんきに、みんな三百円ずつだと思っていたから、彼女は二千円で私は三百円、どうしてそんなに差がつくんだって。差があって当たり前ですよね。

それで、これは値上げを要求しなければいけないと思いました。よそはもっと高いのに、小学館は原稿料を抑えて儲けていると思ったんです。皆さんは『橋のない川』を書いた、住井すゑさんを知っているでしょ。左翼作家として早くから文壇に出て、とても立派な方です。今はもうおばあちゃんですが、三十何年も前の話だから、まだ若かったんです。住井さんの原稿料はむろん三百円じゃないけど、でも田中さんよりは安かった。それを私が住井さんに言いつけたんです。で、住井さんもカッとして「よし、値上げだ。やろう」って。住井さんは左翼ですから、ほかの小学館作家も集めて、みんなで「では何月何日に社長のところに言いに行きましょう」ということになったんですね。

それが蓋を開けてみたら、当日誰も来ない。住井さんと私と二人だけなの（笑）。これじゃしょうがないっておじゃんになったんですけど。住井さんは、それからもすごく立派なものをお書きになって、それこそ世のため人のためになすって、今もお元気でいらっしゃいますね。時々お電話で話したりするんですが、その時のことを言うとキャッキャ笑う。

でもね、私もそのあとまあまあ努力しまして、作家になれましたでしょう。でも「やろう」と約束して実際には来なかった人たちは、もうみんなどっかへ消えてしまいました。ですから、やっぱり戦うという気持は持たないとだめなんですね。

そんなふうに仕事をしていましたが、今のように忙しくなかったですから、その日食べるものがあって、時間もある時には、下田で本を読んだり、また時々禅林寺へ散歩に行きました。まだ太宰が死んで間もなくの頃なんで、たくさんお参りの人がきていました。太宰は人気があったし、その上、墓の前で田中英光が死んだから、ホットというか、余韻が残っているでしょう（笑）。大酒飲みだった太宰に供えて、お酒の瓶がいっぱい並んでて

――私、飲んでやろうかなんて思ったけど（笑）。それから煙草やお花も溢れるようにありました。向かい側が森鷗外のお墓なんですが、太宰は森鷗外を尊敬していて、真ん前に自分のお墓を建ててくれって遺言したらしいんです。太宰のお墓のほうが少し小さいんです。たぶん鷗外よりは大きくしてくれるなと、言ってあったんでしょうね。

太宰という人は、皆さんもご存じのように、山崎富栄という人と心中しました。それで山崎富栄さんは太宰と一緒のお墓に入れてくれって遺言したけれども、それは叶いませんでした。それはそうでしょ。私が最初に居候していた三鷹のお友だちは、山崎富栄さんに

髪を結ってもらっていました。富栄さんは美容師ですから。そのお友だちに言わせると、山崎富栄さんはとてもいい女だったって。きれいで愛想がよくって、美容師としての技術も確かだったって言うんです。太宰と仲良くなって、太宰の家が三鷹にあるのに、その家へは帰らず、ほとんど山崎富栄さんの住まいで仕事をしていたんですね。それから二人で心中した。六月の何日ですか、雨の大変降った日に、玉川上水に身を投げて――そういう生々しい事件があったんです。

三鷹時代というのは私の一番貧乏な――京都でも貧乏だったけれども、三鷹もいい加減貧乏でした。だけど若かったから、そのことを辛いとは思わないで、希望に満ちて楽しい時代でした。時々下田のおばあちゃんに頼まれて、看板を書きましたね。たとえば「いいハンドクリームが入りました。お手を美しく」なんて書く。「ハンドクリーム入荷」じゃなくて、ちょっとひとこと「お手を美しく」って書いて、ついでに少し絵なんかも描くでしょ。それが評判がよくて、そういう看板を書くと、おばあちゃんがカレーライスとかを作ってくれるんです。そのおばあちゃんは未亡人で、ご主人は運転手だったんだけれども、酔っぱらって上水に落ちて死んだんですって。だから「あの上水は魔の上水だからね、気をおつけ」なんて、私も言われていました。

それから、ある日のこと、男の子を連れた若い女性が訪ねて来たことがありましたね。それが何か、水から上がってきたような陰鬱な顔をしていて、小説を書きたいから教えてくれって言うんですよ。私は教えることなんか何にもないから、勝手にお書きなさい、売りたければどこか連れてってあげましょう、と言いました。その人は太宰の熱心な信者で、太宰のいた家を――買ったんじゃなくて借りたのかな。要するに縁起が悪いでしょう、心中した人の家なんていうのは。ですから太宰の家族たちが出ていったあと、借り手がなかった。そこにその人は住んでいたんです。そして遊びに来いって言うから、私はただ太宰が住んでいた家を見たいという興味で行ったんですよ。小っちゃい路地の奥に三軒長屋があって、その一番奥の家でした。ガラスの格子戸が入った、ほんとに長屋っていう感じ。その頃の太宰なんて、大変な流行作家だったんですよ。その人の住んでいた家が、こんな長屋かと思ってびっくりしました。

太宰は青森の弘前のほうの、すごい素封家の息子さんですけれど、東京ではそういう生活をしていたんですね。小さな土間があって、上がると六畳の部屋が一つ、こっちに四畳半があって、それから台所。それだけでした。六畳の窓を開けるとズーッと畑が続いていて、地平線に夕日の沈むのが見える。もう非常にうらぶれた家だったんです。その家で

『ヴィヨンの妻』とか『桜桃』とか『斜陽』とか、素晴らしい小説が生まれたんですね。私も文学少女で、これから世に出たいと思っていた時でしょう。ここが太宰が仕事をしたところかと思ったら、どきどきしてね、畳を撫で回したりしましたよ。

そこに住んでいたその女性は佐伯さんという人でしたけれども、彼女によると、太宰を好きだから、何にも手をつけていないと言うんですね。壁のシミも柱の垢も、そのままにして置いてあるって。そうすると、本当に太宰の晩年というのは、侘しい生活だったんですね。もちろんお金はたくさん入ったけど、そのお金を、編集者なんかを集めて飲んで食べて遊んで、全部つかってしまう。そして奥さんと女の子二人、男の子一人いるその家へは、ぜんぜん入れなかった。ですから、奥さんはほんとに食べるものもないような、そういう生活をしていたらしいんです。また富栄さんのほうは富栄さんで問題があって、太宰と巡りあったのは、一生懸命銀座の美容院で働いて、それから三鷹でちょっと働いて、お金をためて、いよいよ自分の美容院を建てようとしていた時だったんです。そして恋愛が生じて、今度は富栄さんが太宰に入れ上げた。太宰はそれだけの収入はあるけれども、使うのが激しいから足りないんです。その分、全部富栄さんが入れ上げちゃって、死んだ時にはスッカラカンだったそうですよ。

私はたまにお金が入ると、三鷹の通りの寿司屋に食べに行ったんです。太宰が生きていた頃は、そこは鰻屋だったんですって。そこの主人が「おまえさん、何してるの」と聞くから、私が小説を書こうとしていると言うと、「ああそうかい。小説なんか書いてちゃあ、ろくなことはないよ。末は心中だよ」なんて。それで太宰の話をしてくれたんです。その鰻屋の裏に飲み屋があって、ある店にとても可愛い女の子がいたんですって。太宰はその女の子に惚れていて、そこに通ってたんだけど、向こうは太宰が大嫌いで、ぜんぜん脈がない。それでヤケクソになっている時に、その飲み屋で、太宰がスタコラサッちゃんってあだ名をつけた山崎富栄さんに会ったんだそうです。「だから先生はほんとは富栄さんがお目当てじゃなかったんだよ」って、その寿司屋のご主人が教えてくれました。

　そうやって仲良くなった二人が、明日死ぬというその最後の日に、富栄さんが鰻のもつを買いに来た。鰻の肝やなんかを串焼きにしたあれね。主人が「へえ、精力つけるのかい」ってからかったら、「そうなの。今夜はとても精力つけなきゃいけないの」と言って、うんと肝を買って帰ったんですって。それが彼らの最後の晩餐になったわけです。鰻のもつで死ぬための精力つけて、その翌日死んじゃった。鰻屋の主人はそのもつ代をもらっていないんですって。請求に行きたかったけど、それはやっぱり言えなかったって。「結局それは香典代わりにしたよ」なんて、愉しそうな顔をして言っていました。

ですから三鷹というのは、私にとって本当に思い出がいろいろあるんです。その頃、三島由紀夫さんと文通していましてね。それは京大付属病院の図書室にいた時、三島由紀夫が好きでファンレターを出したら返事がきて、それ以来なんです。それで私が、禅林寺に太宰と森鷗外のお墓があるから、そこへ時々遊びに行っていますって書いて出したら、「自分は森鷗外をとても尊敬している。だから森鷗外のお墓をお参りする時は、自分の分まで拝んでください。そして太宰はだいっ嫌いだから、彼のお墓は拝まないでください」なんて書いてきましたね。嫌いというのは、それだけ意識しているということで、やっぱり才能を認めていたんだろうと思いますけども。そんなこともありましたよ。

下田は街道筋にある一階建ての、とても趣のある荒物屋だったんですが、今はハイカラな洋館になって、品のいいお菓子屋さんです。街道も欅は全部切り払われて、アスファルトの立派な道になっている。けれども私は今でも目をつぶると、その頃の武蔵野の面影の残った街道が浮かぶんです。荷馬車なんかが通って、馬の糞が落ちてたりした、その昔の街道が浮かんで、懐かしい気がします。下田のおばあちゃんのまあるい顔も、浮かんで来たりするんですけど、その一家の人たちもほとんど亡くなりましたね。

こんなことばかり話していると『般若心経』が終らない。さあ始めましょう。

『般若心経』も来月で終わりになりますが、今日は終わりの方を見てください。「故知般《こちはん》若波羅蜜多《にゃはらみった》　是大神呪《ぜだいじんしゅ》　是大明呪《ぜだいみょうしゅ》　是無上呪《ぜむじょうしゅ》　是無等等呪《ぜむとうどうしゅ》　能除一切苦《のうじょいっさいく》　真実不虚《しんじつふこ》」、これだけやりましょう。いよいよ終章に入ってきたんですね。

故知《こち》——ゆえに人は知るべきだ、皆さん、今までこうこう、こうでした、だからよくわかりなさい、知りなさいということですね。何を知れというのでしょう。般若波羅蜜多こそは、これ大神呪《だいじんしゅ》、大明呪《だいみょうしゅ》、無上呪《むじょうしゅ》……であることを。この「呪《じゅ》」という字を見たら、皆さん、何を思いますか。まじないとか、呪《のろ》いとか。呪いというのは何となく気持が悪いでしょ。ところがここで言う「呪」とは、そういう恐ろしい言葉ではなくて、これは真言《しんごん》という意味なんです。弘法大師の真言宗というのがあるでしょう、高野山の。あの真言宗の真言です。まことの言葉——仏のまことの言葉、如来のまことの言葉という意味です。サンスクリットではマントラ、これを訳して真言、あるいは神呪ともいいます。

マントラは如来の言葉です。仏さまは嘘をつきません。日本の大臣はよく平気で嘘をつくけれども（笑）、仏さまの言葉は真実の言葉なんです。そしてこれには、災厄を防ぐ力がある。験《げん》があるって、よく言うでしょう。ケンではなくてゲンと読みますよ。マントラは験力を持っているんですね。子供の時、犬に追っかけられて転んで、膝小僧を擦り剝いて、泣いて帰ると、お母さんが唾つけて撫でてね、「チチンプイプイ」なんて言ってくれた。そうすると、本当にそれで治るんですよね。皆さんも覚えがあるでしょう。私はそれをおまじないだと思ったから、うちのお母さんはおまじないもできるって感心していたんです。もちろん「チチンプイプイ」なんて、でたらめなんだけど、それでも信頼するお母さんに言ってもらったら、子供のケガなんて不思議に治る。母親の愛情の言葉には、そういう験があったんですね。同じように、おまじないには災厄を防ぎ、同時に心身の苦しみを除く、そういう力があると昔の人は信じていました。

平安朝の頃には、病気はすべて物《もの》の怪《け》に憑《つ》かれた呪いだと思われていたんです。病気を治すには、その物の怪を追い払えばいいと思ったんですね。だからお医者さんよりも、修行を積んだ験力のあるお坊さんに来てもらって、護摩を焚いて一生懸命祈ってもらう。病魔を払うお祈りをしてもらうんです。そうすると身体に憑いている物の怪が逃げていって病人が治ると、実際にそういうふうに信じていました。つまり、その頃は呪というものが、非常に大切に考えられていたんです。

そしてマントラには、身体の悪いのがすっかり治るというご利益だけでなく、これを唱えれば心の闇――無明も除かれる、そういう力があると信じられていました。これは密《みっ》教《きょう》の信仰なんです。弘法大師の教え、真言宗は密教なんですね。密教に対して顕《けん》教《ぎょう》というのがあります。私は天台宗ですけれども、天台宗は密教と顕教と二本立てです。

この間もお話ししたように、私はお坊さんになって二カ月間、比叡山の横川《よかわ》に修行に行きました。その時に教わったのが、始めの一カ月が顕教の教え、それからあとの一カ月は密教になるんです。密教では即身成仏といって、自分の身体が仏さまになるという信仰がありますから、自分の肉体に刃物を当ててはいけないと言われました。したがって髭も剃れない、髪も剃れない、爪も切れない。私は髭はないけれども、髪も爪も伸び放題。男の子たちはみんな髭モジャね。それでもって朝から晩まで護摩を焚くんです。ぼうぼうと火を燃やして、五穀を投げ入れる。ですから手は油と灰で真っ黒、伸びた爪の中も真っ黒けになります。それで髭はぼうぼうだし、それはそれは見苦しくなるんです。

ところがその頃から、修行しているわれわれの目が澄んでくるんです。自分の顔はよくわからないけれども、一緒に修行している青年たち、私の息子ぐらいの年齢の若い男の子たちが、何とも言えず清らかな目になってくるんです。自分もそうかなあと思うけれど、その頃は鏡を見る気がしないので、わからない。だけど、そういうふうに目が澄んできて、顔がひきしまって、いかにも修行しているっていう、いい顔になります。

密教は高野山の真言宗、その他には天台宗にしかないんです。伝教大師最澄という方が千二百年前に比叡山を開かれましたが、その時は顕教でした。けれども伝教大師が天台宗をもっとしっかり勉強しようと思って中国へ行った時、帰りに密教もちょっと勉強してきたんです。帰ってくると、病気を患っていた桓武《かんむ》天皇が密教に非常に期待していた。その頃、中国では密教が盛んで、お祈りをして病気を治すということを、天皇も知っていたんです。最澄は密教はほんのおみやげのつもりで持って帰ったのに、それに期待されたものだから、しかたなく、あんまりよく知らない密教でお祈りしてしまう。

一方、空海は最澄と同じ時に中国へ渡りました。空海は最澄よりもずっと位は低かったんですけれども、始めから密教を勉強しようと思って、まっすぐ密教が盛んな長安の都に入るんです。そして一生懸命勉強して、たくさんの中国人をさしおいて、密教の一番偉い恵果（エカまたはケイカ）という人に、直接教えを受けました。ですから、日本に帰ってきたのは最澄のほうが少し先なんですが、本当の密教を伝えたのは弘法大師、空海なんですね。密教の教えをたくさん受けて、空海が帰ってきたので、最澄はとても困ってしまった。でもその時には最澄は、自分よりずっと位の低い空海に手をついて、弟子入りをするんです。私は密教をよく知りません、あなたは大変よく勉強してきたから、どうぞ私を弟子にして教えてくださいって。これはなかなかできないことですよ。自分の方が偉くても、本当のものを知っている人には、手をついて教えを請う。ここが最澄の立派なところですね。

こうして最澄も密教を勉強して、また中国へ行くことは自分ではとてもできないので、弟子たちをどんどん中国へ渡らせて、学ばせるんです。その人たちが比叡山の天台宗に、密教を盛んにさせました。空海は京都の東寺《とうじ》を本拠地として密教を広めたので、空海の密教を東密《とうみつ》、これに対して天台宗の密教を台密《たいみつ》といいます。これを覚えておいてくださいね。日本には東密と台密の二つがあるんです。教えは一緒なんですけれども、やり方がちょっと違う。それが平安朝の頃、日本に同時に発達しました。貴族たちは病気になると、台密でも東密でも、とにかく験のあるお坊さんを連れてきて、一生懸命、加持祈禱をしたんです。

その加持祈禱をする時に、身密、口密、意密といって、まず手で印を結ぶ。それから口には真言を唱えます。そして心に仏さまを観想するんです。だいたい修行者は、お不動さまを心に観想しますね。お経の本には、大海を想像しろって書いてあります。大海に大きな巌《いわ》がある。回りに白い波が打ち寄せるその巌の上に、蒼黒い身体をした仏さまが立っている――それを想像しなさいというふうに教えてあります。この三密をしながら護摩を焚く。そうすると、そこに仏の力が顕れると言うんです。

真言は陀羅尼《だらに》とも言います。陀羅尼は日本語ではなくて、ダラーニーというサンスクリットに漢字を当てたんですね。持つという意味です。総持寺《そうじじ》というお寺がありますね。あの総持がダラーニー。マントラは、インドでは仏教が始まる前からあったんですよ。仏教ができてから、仏教のマントラが生まれたわけですが、それを使うことを、お釈迦さまはあんまり好きじゃなかったんです。弟子たちにも、そういう超能力を持った人はたくさんいたんですけれども、なるべく使いなさんなと教えています。ただ身を守るための陀羅尼だけは、黙認したということです。

お釈迦さまは非常に合理的な人でしたから、あんまり神がかった、奇蹟みたいなことは好きじゃないんですね。それで、ご自分もそういう力があったけど、なるべく出さなかったということが、お経の中にたくさん出ています。自分の反対の宗派から、そういう霊力

雨音を聞きながら歩く

がないんじゃないかと言われた時には、ちゃんとそれを出して見せたということですけれども。とにかく、密教が起こったということは、お釈迦さまに、そういう超能力もあったということなんですね。

『般若心経』では今までずっと、顕教の教えを説いてきました。われわれがあの世、悩みのない彼岸に渡るためには、この世でもって六つの行をしなければいけませんという、六波羅蜜を教えてきたんですね。ところがここへきて、いきなり真言――密教的な陀羅尼が出てきました。びっくりしてしまいますが、このまま最後まで続きます。それで『般若心経』は、顕教を信じるあらゆる仏教も、それから高野山の密教も、全部がこれをあげるんですね。親鸞上人の開いた浄土真宗だけは、もともと在家仏教でちょっと他と違うので、あげませんけれども。でも浄土真宗のお寺だって、『般若心経』をあげたからおまえは帰れなんて、決して言わない。だからどのお寺へ行っても、『般若心経』をあげればいいんですよ。

『法華経』では三開顕一《さんかいけんいつ》と言います。これは三を開いて一を顕《あらわ》すということ。この三というのは、人間を三つの位に分けているんですね。声聞《しょうもん》、縁覚《えんがく》、菩薩《ぼさつ》の三つ。声聞は人から聞く立場です。私がこうして話していると、あなたたちは半分しか聞かないで「ああわかった、わかった」と思う。そういうのを声聞と言います。縁覚は、きちんとお師匠さんにつかないで、自分で一生懸命に本なんか見て「わかった、わかった」っていう人。だいたいわれわれは声聞か縁覚どまりだと思っていれば間違いないでしょう。菩薩は、もう耳にタコができるぐらい教えていますね。仏さまがわれわれ衆生を救うために、仮に姿を現してくれたんです。また衆生が懸命に菩薩道を修めれば、菩薩にはなれるのでしたね。その人間の三つの位があって、その上に唯一無二の仏さまがいる。一仏乗《いちぶつじょう》と言います。三開顕一とは、こういうことを考えます。

そして陀羅尼も、その位によって唱えるものがあるんですね。声聞が唱えるのが大神呪《だいじんしゅ》、縁覚が唱えるのが大明呪《だいみょうしゅ》、それから菩薩の唱えるのが無上呪《むじょうしゅ》。その次に無等等呪《むとうどうしゅ》とありますが、これが真言の最高のもので、如来が唱える。比べるもののない、最上の呪文です。「是大神呪　是大明呪　是無上呪　是無等等呪」と畳みかけてあって、ここのところは非常に力強い感じがするでしょう。この呪文を唱えることが、能除一切苦《のうじょいっさいく》——すべての苦しみを除くというのです。その呪文は真実にして、まったく嘘ではありませんってことね。真実不虚《しんじつふこ》。陀羅尼を心に唱え、口に唱える、すると真言と自分と心が一体となって、陶然とします。そして一切の苦しみから解放されます。そういうことを、ここでは言っているんです。

弘法大師が長安で恵果から教えを受けている時、ちょうどあなたたちが今ここで筆記してるように、ノートしてきたことがあるんですね。それが『秘蔵記《ひぞうき》』という本。その中に「陀羅尼を総持と名《なづ》くる一字の中に一切の法文を会蔵す」とあります。その陀羅尼の一字の中に、一切の仏教の真実が入っていますということです。このお師匠さんの言葉から説明して、弘法大師は別の『般若心経秘鍵《はんにゃしんぎょうひけん》』という本に「真言は不思議なり。観誦すれば無明を除く。一字に千理を含み、即身に如法を証す」と書いています。マントラは不思議なものですよ、それを観たり口で唱えたりすれば、心の無明を除きます。一字一字には千の真理を含んでいます。そしてそれをすれば、ただちに自分の身体に仏さまの力が顕れますと、そういうふうに言っています。

さらに『秘蔵記』には「陀羅尼とは仏光りを放つ、その中に説く所なり」とあります。仏さまというのは、絵に描くと光りが出ているでしょう。つまり仏さまは尊いから光りを発して、われわれつまらないものから見れば、まばゆいというふうに考えるんですね。仏はその光りの中に説くものだと言っています。「この故に陀羅尼と明とその義異ならず」――真言は光りであるという考え方。そして「陀羅尼を持する人」――陀羅尼を持っている人は神さまの力、仏さまの力が出て、災厄や病厄を防ぐことができます。この故に呪、マントラと言います、ということなんですね。

それでは今日はお疲れさま。ありがとうございました。

十一 掲諦《ぎゃてい》掲諦《ぎゃてい》——宇宙の生命によびかけるマントラ

昨日、寂庵は今年最後の杏《あんず》句会だったんですけど、私は原稿に追われて、とても出ていられないので、投句だけしたんですよ。題の一つが「師走」だったもので、何か随筆の中で使えるいい句はないかと思い、歳時記でいろいろ探していたんです。すると、虚子《きよし》の句に「年の暮」という題で、こういうのがありました。

「年をもって巨人としたり歩み去る」

私はこれがとても気に入ったんです。なぜかというと、昼間じっと考えていて、この一年はなんて忙しかったんだろうと思ったんですね。そうすると、年の瀬というのは瀬戸内の瀬を書きますけど、私にはどんどんと去っていく年の背中に見えてきたの。だから年の背中の背と書いたらどうか、なんて思っていたんです。これも、ちょうどそういうふうな句でしょう。巨人って大きい人のことだから、いかにも年が去っていくのが、大きな人の背中のように見えるという……。

それから一茶の句で、これも感心したのがあります。

「ともかくもあなたまかせの年の暮れ」

これ、いいですね。だいいち覚えやすいし。あなたたちにとって「あなた」というのは、ご主人かもしれませんね。あるいは会社かもしれない。一茶はこの「あなた」を「仏」と考えています。私も仏とします。

私もこの一年を振り返ってみますと、ほんとに忙しかったんですね。今年は法臘《ほうろう》十五という年なんです。法臘というのは、出家してからの年。十五年というのは、あしかけ十五年ね。つまり満で十四年。もうそんなになるんです。出家した時、出家して十五年も経った時のことを、私も小説家だから、いろいろ想像したんですよ。小さな庵《いおり》を結んでいた私は、そこからも出ていく。笠を被って、今は草履というわけにいかないから、運動靴を買いまして、そして身軽に杖だけを持って出ていく。いろんなお寺を回ったり、好きなところを旅したりして、お金が必要になったら宿屋で原稿を書いて送って、それで次の町の郵便局宛に原稿料を送ってもらうとかね（笑）、そういうことを考えていたんです。本気で考えたんですよ、とてもいいなあと思って。

そしてどこか、誰も知らない小さな町で、ひっそりと野垂れ死する。これがいいと思っていたんですよ。ですから出家する時に、着物もかんざしもハンドバッグも、みんな人にあげて、本当に身軽になったんです。それが十四年経ったらどうですか。こんなになってしまって、寂庵にしばられ、天台寺にしばられる。何も私は、こんな広いところが欲しかったわけじゃない。嵯峨に小さな庵を結ぼうと思って、ここに来たんですよ。ところが探したけれども、いいところがないんです。高いところならあるけど、安いところがない。嵯峨中を探して、安いというんでもう少しで買いそうになったら、そこは家が建たない土地。そして、やっとここを見つけたんです。ここはもう、べらぼうに安かったんです。

こんなに安いのは、もしかしたら幽霊が出るんじゃないかって言われました。隣がお墓でしたからね。でも私は坊さんになるんだから、幽霊が出てもいいやと思いましてね（笑）、ここにしたんです。それで三十坪ぐらい売ってくださいと言ったら、嫌だと言うんです。安いかわりに全部買えって。そんなにはとても買えないと言うと、じゃあ半分ということで、私はもう泣く泣くこんな広いところを借金して買ったんですね。

私は家なんて建てたことがないんです。それまでずっと借家ばっかりですから。それで困っていたら、堀文子《ほりふみこ》さんて、きれいな絵を描くきれいな絵描きさんがいらっしゃるでしょう。あの方もちょうどその頃、初めて自分で家をお建てになりました。そしてその時の設計者がとてもいいから、瀬戸内さんもぜひと言うので、その人にお願いしたんです。その時は私はまだ髪があったんですよ。自分の心には出家を決めていましたけれども、世間にはまだ誰にも言っていなかったんです。それで、皆さんみたいにきちんとお化粧もして、着物を着てしゃなりしゃなりと、東京のその人の事務所へ行きました。

小さな小さな庵を建ててくださいと言ったら、はいはいと引き受けてくれたんですけど、何しろ私は家を建てたことがないから、図面を引いてもらってもわからない。だから、すみませんけれども、模型を作ってくださいとお願いしました。模型ができた時、何だか大きいような気がしたんですね。それで、もうちょっと狭くなりませんかと言うと、向こうが「でも、これは最低のものですから」なんて言うでしょう。それに模型というのは木っ端みたいなもので作っているから、軽々しくて、吹けば飛ぶようなんですね。それでまあ、こんなものかと思って。

そのあと私は比叡山に修行に行ったから、見ていなかったんですけれども、帰ってきたら、まだ何も建っていないんです。どうしたのかと思ったら、京都市がその設計を見て、こんなチャチなものはいけないって、建築許可が出ないというんです。風致地区だからもっと立派な家を建てろっていうんです。何を規準に立派というのかといってけんかして、家はやっと建つことになったんですが、そこが建てたことのない悲しさで、任せっぱなしにしていたんです。それで、いよいよ柱が立って屋根を葺いたから、いくらなんでも見にいらっしゃいと言われて、仕方なく行きました。そうしたら、もうびっくりしてしまった。大きな屋根が……すごいんですよね。私は真っ青になって、地団駄踏んで泣きだしたの。草の庵を建てたいと言ったのに、こんなすごい大屋根の家、どうするんですかって、本当に地団駄踏んで泣いたんです。「そうですか、これだってやがてあなたには狭くなりますよ」と向こうは言うの。「そんなことありませんよ。もうだいいち恥ずかしくって、せっかく出家して入る家が、こんなすごい家で。ここは私一人で住むんですよ」

でも、もう建て直すわけにはいかないでしょう。もう屋根が置かれちゃってる。そうして泣く泣く家が建ったんです。当時はお隣もまだなくて、皆さんがいらっしゃった向こうの道から、まっすぐうちの大屋根がドーンと見えた。恥ずかしくてしょうがない。だから誰かお祝いを上げますという人がいると、私は樹をちょうだい、樹をちょうだいって、とにかく樹で隠そうと考えたんですね。なるべく早く大きくなるように、向こうの塀際にはざっと竹を植えて。そのうちにお隣の奥さんが「うちは再来年ぐらいに建てますけれども、お隣になりますので」と、挨拶にみえた。私は「再来年なんて言わないで、すぐ建ててくださいい」って、必死に勧めましてね。あんまり言うもんだから、向こうはすぐ建ててくれたんです。それで半分ぐらい家が隠れて、つづいてその奥も売れたので、「早くお建てなさい、お建てなさい」（笑）。この二軒がなかったら、もうずっと向こうから丸見えなんですよ。

今は信じられないでしょう。こんなに樹が繁っているから。始めはほんとに何もない造成地で、ただ赤土がずっと続いていて、ドッグレースができるようなところだったんです。それを私が必死になって草を植え、樹を植えして、十年目ぐらいから「あら、いいですね、嵯峨野らしい」なんて言われるようになりました。この僧伽の建っている場所は、最初は買っていなくて、向こうのお茶を売っている家が借りていた畑だったんですよ。それを買ってくれと言ってきましたから、その時も借金して買っておいたの。そういうふうに、私には何にも計らいがないんです。行き当たりばったりで。

ですから私は、出家した時から「あなたまかせ」だったんですね。それまでは、自分が頑張らなくちゃと思って、大変頑張ってきたんです。だけどそれもくたびれたから、五十一で出家したあとは、もうあなたまかせ、仏さままかせという気持なんです。この土地の話がくれば、ああ仏さまがここを買えと言うんだな、というふうに思う。またこの隣を買えと言われると、別にいらないけれども、仏さまが買えって言うんだなと思って、買っておくのね。

大きな家が建って泣きましたけれども、その後、実際に狭くなったんです。私は一人暮らしですが、本はたくさんありますから、書庫を大きくしてくださいと言ってあったんです。でもわからないんですね、私の本がどれだけ多いかということが。それで足りなくて、とうとう設計者に内緒で書庫と、ついでに書斎まで建て増ししちゃったの。やっぱり、もっと大きくなっちゃった。結局、みんな自分の計らいのほかってことなんですね。自分の考えというのは、たかが知れてる。泣き叫んで、こんな大きな家は困ると言ったけれども、その時にはもう、こうなることが仏さまにはちゃんとわかっていたんです。

それから、私はその家にずっといて、門を閉ざしていましたけれども、それじゃあんまり悪いんじゃないかと思って、二年前に嵯峨野僧伽を建てましたでしょう。これも、あの時に畑を買っておかなければ建てられなかった。当時は安かったですからね。おかげで皆さんがこんなにたくさん来てくださっても、まあまあなんとか、やっていけるわけです。前から建てようなんて、思っていなかったんですよ。何となく促されて、そうしろと言われているような気がしましてね。そういう時がきたのかなと思って、やるんです。

ですから「あなたまかせ」になってから、私はとっても楽なんです。どうして瀬戸内さんはそんなに元気なんですかって、よく言われるんだけれども、ほんとに元気です。六十五です(一九八七年)。この間びっくりしたんですが、六十五というのはれっきとした老人なんですって。私が老婆なんて、信じられない(笑)。だって私は出家した五十一の時よりも、今のほうがずっと元気なんです。体調がいい。身体もしなやか、頭も悪くなってない。物忘れは相当なものですけれども。眼鏡かけたまま眼鏡を探し回ったり……。でも小説を書いたって、そんなに下手になってないですよね。だから頭もそれほど衰えていない。それでなんで老婆なのか、よくわからない(笑)、それも「あなたまかせ」だから、まあいいやと思っています。

年の暮れの句が、もう一つあるんです。芭蕉の句で、

「年暮れぬ笠着てわらじ履きながら」

というんですね。これはおそらく、芭蕉はその一年間、旅の多い日々だったんじゃない

でしょうか。笠を着てわらじを履いて旅をしながら、今年も年が暮れてしまった――そういう句だと私は思うんです。今年の私の一年も、まさにそうでした。私は笠着てわらじは履かないけれども、一年中旅をしました。北は北海道、南は九州、それから九月はシルクロード、ウルムチ、トルファンまで行ったでしょ。五月から天台寺を引き受けているから、毎月二度ぐらい行ったり来たりしていますし。天台寺は貧乏なので、あらゆる講演も引き受けました。講演料をみんな天台寺に入れるんです。多い時は一カ月に四、五回あったんです。そして天台寺の周辺を走り回って……。東北ってちっとも知らなかったのに、あの辺の小さな村をずっと回りましたものね。そういうことで、笠着てわらじ履きながらじゃないけど、飛行機や汽車を乗り継ぎ乗り継ぎして年が暮れたなって、今つくづく思ってます。

大晦日には、また天台寺にまいります。鐘を撞くんです。それでテレビに出ますから。なんでテレビにいちいち写させるかというと、ただで全国宣伝できるでしょう。これが大きいの（笑）。だって、お参りにくる人に、どうしてここをご存じと聞くと、テレビで見たというのがとても多い。本で読んだなんて、少ないんですね。だから私は、大晦日に鐘撞けと言われたら、へいへいと鐘を撞く。餅をつけと言われれば、へいへいって餅をつくんですよ（笑）。何も自分が好きで鐘をついたり餅をついたりテレビに出たりしているわけじゃない。でもどうせやらなきゃならないなら、面白がってやろうと決めているんです。

年の瀬というのは、一つの節目ですね。竹に節があるように、われわれが生きていく時、やはりところどころに節があります。昔はその節を節季と言いました。人間がなぜそういう節目をつけるのかというと、だらだらと三百六十五日を生きていたら、過ぎたことは忘れてしまうんですね。だから何かの行事があって、節目節目に自分の生活を振り返る、そういう意味で節があるんです。

そして振り返ってみたら、いろいろなことが起こったけれども、そのほかに自分が密かに後悔することもあると思うの。ちょっと、うちの嫁を苛めすぎたなとか、お父ちゃんに内緒で不倫したとか（笑）。そういうことを全部思い出して、それが良かったか悪かったか、自分で採点することですね。もし、悪いことをちっともしなかったなんて思う人がいたら、ちょっとどうかしている。一年の間には、われわれは絶対に悪いことをしているんです。気がつかないで悪いことをしているんですよ。だから、これということが思い当たらない人は、自分は気がつかないけれども、もしかしたら自分の存在が人を傷つけているかもしれないと思ってください。

たとえば、あなたたちがすてきな着物を着ること、いい宝石をつけること、それはご主人の力であり、あるいはあなたたちが自分で働いたその力であって、誰に遠慮することもない。けれども、そういうものを一生身につけられない人が見ると、やはりその人は傷つくんです。それから自分の子供がよくできて、身体も丈夫なのは、これは私たち夫婦が丈夫で頭もいいからなんて、簡単に思わないでください。生まれながらに身体のどこかが悪い子供を持った親御さんから見れば、あなたの子供がただ健康であることさえ、やっぱりうらやましくて、哀しみの種になるんですね。われわれは存在そのもので、気づかないうちに人を傷つけていることがたくさんあるんです。

それ以外にも思い出したら、あの時もう少し親切にしておけばよかったとか、もうちょっと何かをあげればよかったということがあるでしょう。でもその時は何か惜しくてあげなかったり、これ以上つきまとわれたら面倒だからって、親切にしなかったりしている。われわれは自分の個人的な平和と幸せを守るために、そういうことをするんですね。ですから、せめて年の瀬にはこんなことをじっと思い出して、ああ、ほんとにいろんな人を傷つけたなと思ってください。無理にでもいいから、思ってくださいね。そして懺悔してください。神さまにでも仏さまにでもいいから、懺悔する。懺悔すると、それが私たちの生きていく励みになるんです。人間は許されて生きなければいけないんです。

年の瀬には皆さん、大掃除するでしょう。昔の言葉で言えば煤払《すすはら》い。それはお正月にきれいにしてお客さまを迎えたいから、自分たちも気持のいいお正月を迎えたいから、大掃除するんですね。だけど家とか、見えるところだけきれいにするんじゃなくて、自分の心もお洗濯してもらいたいですね。年の瀬になったら一度、心に積もった垢を落として、一年間染まった悪いことを洗い流してください。そしてさっぱりした身体、さっぱりした心、もう悪いことは全部吐き出して許していただいた、そういう気持で新しい年を迎えましょう。

そういう意味で、私は年の瀬というのはあっていいものだと思いますね。お正月も、なくていいような気もするけれども、ずっとわれわれの先祖が守ってきた習慣というものは、やはり大切にして、子供に「お正月ってなあに」と聞かれた時には、それは年の節だというふうに教えてあげて欲しいと思うんです。

まあ人生はもっと気楽な考え方もありますね。『閑吟集《かんぎんしゅう》』といって、昔の小唄、流行歌を集めた本があるんです。とても軽くて色っぽい、今なら森進一が歌うような、そんな当時の歌が残っている。その中で私が一番好きなのが、「憂き世」という歌です。憂き世というのは、この世のことです。苦しい世。のちには「浮世」の字を当てますね。一般庶民の世の中に対する考え方の移り変わりでしょう。この歌は「憂き世」から「浮世」になった、変わり目の頃なんです。

「世の中は　ちろりにすぐる　ちろりちろり」

世の中はちろっと過ぎていくよ、と言う。このちろりちろりという音が、とてもいいと思うんです。何となく軽いでしょ。世の中はまばたきしている間にスルッと過ぎていく。その次が、

「なにともなやの　浮世は風波の一葉よ」

なんてことはないんだよ、浮世は風に吹かれる木の葉のようなもんだと言う。この世の中を非常に軽く見ているの。だから「浮世」になってるんですね。

「なにともなやの　なにともなやの　人生七十古来稀なり」

おやまあ、ほんとに私はいつの間にか七十にもなったよ、古稀を祝ってくれるそうだけれども、まあそんなことはどうだっていいや。なにともなや、どうってことないよと。

「ただ　なにごともかごとも　夢まぼろしや水の泡　笹の葉におく露の間に　あじきなの世や」

これも、とてもいいでしょ。「なにごともかごとも」は、なんでもかんでもという意味。だからこの世はすべて夢まぼろし——これは仏教の思想なんですね。笹の葉に露をおく、そのような短い間に過ぎていく、非常にはかないものだって。まるでこの世は、そのいっときの夢のよう。ああでもない、こうでもないなんて、悩まないでもいいじゃないかって。どうせそういうものなんだから、無理に頑張って生きなくてもいいじゃないかって、これはとても不真面目ですけれども、あんまり苦しい時には、こういうふうに言ってればいい。「ただ　なにごともかごとも　夢まぼろしや水の泡」って言ったら、気持がスッとするじゃありませんか。

「夢まぼろしや　南無三宝」

南無というのは、ここに来てる人はよく知っているでしょう。サンスクリットのナームで、帰依するという意味ね。三宝は仏法僧、仏と法と僧は仏教で一番大事なことですからね、これを三宝と言います。南無三宝は、その仏法僧に帰依しますということなんですが、普通は「ああ、たいへん」という意味で使いますね。時代劇なんかで、何か事件が起こると「ああ、南無三宝」と言って走っていくでしょ。そういうふうに、江戸時代から「ああ、たいへん」という意味で使われてきたんです。なぜかというと、困った時には「仏さま、お願いします」と言うでしょう。一大事の時には、もう仏さまだけじゃ足りないから、「南無三宝」と言うのね。それが変わって大変な時に「南無三宝」って、そう言うようになったんですよ。ここでも、そういう意味なの。訳してる人が非常に面白くて、「この世は夢まぼろしか、ワーッたいへん、えらいこっちゃ」って書いてある。とても上手だと思います。その次もまた面白くて、

「くすむひとは見られぬ　夢の夢の夢の世を　うつつ顔して」

次が傑作、

「なにしようぞ　くすんで　一期《いちご》は夢よ　ただ狂え」

これは有名ですから、覚えておきなさいね。どうもお寺で教えることじゃないけれど（笑）、どうせ真面目くさって生きたところで、しょせん人生は夢の夢じゃないか、それならば遊び狂えと言う。ずいぶんひどいデカダンスな考えですが、こういう歌が流行った時代があったということですね。人間がこの世をいかに見るかという、ひとつの形ですけど、まったくこれでは困るんですよ。でも何となく歌としてはいいでしょ。私は好きなんです、これ。ほんとに狂っちゃったら困るから、皆さんは狂わないでください（笑）。どうせこの世は夢なんだから、もうちょっと恋愛しましょうなんて言って、やたらに不倫をしない

でね。勧めているわけではないんだから、間違えないでください。寂庵で聞いたからなんて、これを守らないで（笑）。

ただ古典にはこういうものもあって、日本人というのはこんなふうに、わりと呑気に生きてきたってことなんです。あんまり深刻じゃない。だから、あれだけの戦争があってもすぐ忘れて、またしたがったりしてるでしょ。でも、何か呑気に生きてきたというのは、いくらか取り入れてもいいと思いますね。人生には、もうどうしようもない時がありますから。本当に真面目に生きて、人にも親切にしているつもりなのに、不幸にでくわすことがあるんですね。そんな時は、私は誰も傷つけていないのにどうしてこんな目に会うんだろう、と思わないでください。われわれは自分で知らないうちに他人を傷つけているんですよ。だけどそれでバチが当たって、そういう目に会うのではなくて、やっぱり人生というのは、何が起こるかわからないんです。そして、それは何かの計らいだと思うしかないんですね。

そういうことで、いよいよ『般若心経』の最後に入ります。「故《こ》説《せつ》般《はん》若《にゃ》波《は》羅《ら》蜜《みっ》多《た》呪《しゅ》　即《そく》

説呪曰《せつしゅわつ》　掲諦掲諦《ぎゃていぎゃてい》　波羅掲諦《はらぎゃてい》　波羅僧掲諦《はらそうぎゃてい》　菩提薩婆訶《ぼじそわか》　般若心経《はんにゃしんぎょう》」、ここですね。オーケストラで言えばフィナーレのジャジャジャーンという、すごく感動的なところです。盛り上がって、その力強い盛り上がりのままに、ワーッと終わる。指揮者だったら、気持のいいところですね。

　前章では、般若波羅蜜多は一切の人間の苦しみを取り除く力を持つマントラだと教えました。マントラ——真言《しんごん》あるいは陀羅尼《だらに》は訳すことができない、または非常に神秘的な言葉だから敢えて訳さない、そういうものなんですね。清少納言の『枕草子』には「朝は陀羅尼、夕方はお経」とありますが、だいたいお寺では朝の勤行《ごんぎょう》の時に陀羅尼をよくあげます。そして、この最後の「掲諦掲諦　波羅掲諦　波羅僧掲諦　菩提薩婆訶」、これはやはり真言ですね。これを誦《とな》えさえすれば、真言の持つ験力が顕れて、私たちの苦厄を一切払ってくれると信じていたんです。口には真言を誦え、同時に手に印を組み、心には仏さまを想う。その三つが揃った時に、真言の力が顕れるというのですね。

　そしてご利益を受けると私たちは言われています。現世利益ということ、これをあらゆる宗教は言いますね。やはり信心をして、ご利益がないとつまらないと。皆さんも来年はもっといいことがありますように、たくさん儲かりますように、子供が大学に入りますよ

雪の日の天台寺本堂

うに、娘にいい縁談がきますようにって、大晦日にお寺や神社へ行くでしょう。そして今年はお賽銭をずいぶんはずんで一万円もあげたんだから、きっといいことがあるなんて思うけれども、そんなのはないんですよ。それは皆さんの願望にすぎないんで、神さまや仏さまはお金の計算はできないの。だからそんなのあげたって、しょうがない。坊主や神主が喜ぶだけで、何にもならないんですよ（笑）。

ですから拝めばすぐご利益をくれるって、そういうもんじゃないんです。ご利益はパッとは出てこない。でも昨日、面白いことがありましたよ。私が剃髪の時、師匠の今東光先生がご病気だったので、寛永寺の杉谷義周大僧正が、代わりに剃ってくださったのね。その息子さんで義順さんという、とてもハンサムで立派なお坊さんが昨日みえたんです。若いけれど私の兄弟子にあたります。その方には女の子が三人、その下に男の子が一人いる。若い人でいまどき四人も子供がいるのは珍しいでしょう。今度こそ男の子と思って、三人女の子を産んでしまったんですって。最初に女の子が生まれた時は「最初はお嬢さんがいいですよ」ってみんなが言う。二人目の時も「やっぱり女の子が可愛くていいですよ」と言う。ところが三人目も女だったら、もう誰もお祝いを言わないんですって（笑）。

そのうちにまた奥さんが妊娠したので、どうしようかと思っていたら、お父さんの杉谷大僧正が「拝みに行け」と言ったんだそうです。上野に清水《きよみず》観音というのがあって、京都の清水さんを勧請《かんじょう》してつくったんですが、そこは子授けの観音さまなんですね。そこへ行って「今度は男の子をお授けください」と拝みなさいって。義順さんは近代人で、慶応を出ている人ですから、あんまりそういうことを信じていないんですね。でもお父さんに言われたんで、その観音さまに「どうぞ男の子を恵んでください」って拝んだんですって（笑）。今お腹に入っているのがもし女の子でも、それを男の子に変えてくださいって。

そうしたら男の子が生まれた。それで「瀬戸内さん、こういうの、どう思いますか」って言うんです。その人は偉いお坊さんなんです。年は私よりうんと下なんだけれども、位はずっと上です。私もそういうご利益とかは、あんまりピンとこないほうですが、やはりご利益がありますよって言わなきゃ、みんな拝んでくれないから、信じたい。信じたいから、そんな話を聞くと嬉しいんですね。「ああそうですか、やっぱり生まれたんですか」と言ったら、「そのあと私は怖くなって、十八日の観音さまの日には、必ず子供を連れてお参りに行っています」って（笑）。それはもう、信じてるってことですものね。「やはりそれは授かったんですよ」と私が言うと、「実は私もそう思うんだけれども」って笑っていました。

それをご利益と信じるか、観音さまのお力と信じるかどうかは、もう皆さんの自由ですが、そういうこともあるんですね。そのかわり、そうでないこともありますけど。願いが叶うことも叶わないこともある。だったらご利益というものは、あると信じたほうがいいと思うんですよ。

結局マントラとは何かというと、私は宇宙を動かしている大きな生命があると思うんです。目には見えない何かがあると思う。そうでなかったら、太陽や月がみんなその位置できちんと乱れずに、よくいると思います。宙ぶらりんでいるわけでしょう。引力だ何だと言ったって、そういうのは不思議じゃないですか。あのお星さまの光も、私たちのところへ届くまでに何万年もかかっている。今見ているお星さまの光は、何万年も前の光なんて。実に不思議なことが、この世の中にはいっぱいありますよね。ですから、やはりそれを司っているものがいるような気がするんです。それを私は宇宙の生命というふうに呼びます。

科学的に考えたって、物質を原子にまで分析する、ではその原子はどこからきたのか、なんで原子があるのか、そこまで突き詰めたら、やっぱり何かがあると思わざるをえないでしょう。男の子が欲しいと思っても、なかなか産めない。子供を欲しいと思って授からないこともあれば、もういらないのに次から次からできる人もいる。そこには、われわれの力では計り知れないことがあるんですね。そういう時に、われわれは自分の存在というものを、ほんとに頼りないものだと感じ、何かを信じたくなるんです。そのために昔の人は、マントラというものを考えたと思うのね。真言は宇宙の生命に通じる、宇宙の生命と交歓する言葉なんじゃないでしょうか。

宇宙の生命なんて言ってもわからないから、われわれは仏さまを思い描いて、あるいはキリスト教ではキリスト、イスラム教ではアラーの神を思い描いたりする。そういうふうに、いろんなところで宇宙の生命というものを感じた人が、それぞれに名前をつけたんじゃないでしょうか。そしてそういうものがありますよと、宇宙の生命からわれわれに伝えるためにやってきた人、それがお釈迦さまであり、キリストであり、マホメットであると、そう私は考えているんです。

最後の「掲諦掲諦……」の部分は『心経』の一番大切なところで、非常に神秘的なものだから、わざと訳さない。訳すとありがたみがなくなるので、そのままの言葉でやってください、ということなんですね。みだりに訳せば、験を失うと考えたようです。これはもう仏さまだけの言葉、宇宙の生命に通じる言葉です。だからわれわれが人間の言葉に訳さないほうがいいでしょうと、そういう考え方なんです。

この部分を弘法大師は『般若心経秘鍵《はんにゃしんぎょうひけん》』という本の中で、秘蔵真言分《ひぞうしんごんぶん》と言っています。その説明によると、始めの掲諦は声聞《しょうもん》の修行の成果を表し、二番目の掲諦は縁覚《えんがく》の修行の成果を表す。三番目の波羅掲諦は、さまざまな大乗のもっとも優れた修行の成果を表します。四番目の波羅僧掲諦、これは真言陀羅尼の教えの具足輪円《ぐそくりんえん》の修行の成果を明らかにしたもの。五番目の菩提薩婆訶というのは、今まで説いてきたさまざまな教えの究極の悟りに入る意味を言っていて、ああめでたいとか、そういう言葉なんですね。キリスト教ではアーメンと言うけれども、ああいう言葉。

真言の文字も、作った時にはちゃんと意味があったんでしょうが、今はもうわからないんですね。作った人は、そこに形から入った意味をかけてあると思うんですけど。だから真言の文字に含まれた意味などに沿って訳していると、もっと面白いのでしょうが、それはもう私たちにはわからない。それでももっと知りたいという人は、真言密教の修行を自分で行って、さらに研究したらいいじゃないかと、これは弘法大師がそう言ってるんです。もっと知りたかったら自分でそれを感得しなさい、人が説き聞かせてわかるようなものじゃありませんと。密教というのは、そういうところがあるんですね。本を読んだってわからない、自分で実際にやらなきゃわからないというところが。伝教大師と弘法大師がケン力になってるのも、これなんです。

伝教大師は弘法大師にたくさん本を借りました。弘法大師が中国から帰ってきて、自分より新しい密教の本をいっぱい持っていたから、それを貸してくださいと言って。自分のほうがずっと位が上なのに弟子入りするんです。これは誰にでも出来ることではない。伝教大師の実にえらいところです。弘法大師はそれに感激して、どんどん貸してあげる。それを伝教大師は一生懸命に写して、勉強するわけですね。そして最後に『理趣経《りしゅきょう》』を解釈したものを貸してくれと言った。これは真言宗で一番大事にするものなんです。それを貸してくれと言った時、弘法大師は怒りました。『理趣経』などというものは参考書を読んで理解する、そんなもんじゃない。あなたはまだわからないか、密教とはそういうものじゃない、書物でもって、頭で理解するようなものではないんだって。すごく怒って、そこで絶交してしまうんです。

そういう説明できない、神秘的なものがあるというのが密教なんです。弘法大師は詩をつくって『般若心経』を褒め讃えているんですが、過去、未来を通して永遠の時間の中に、真言は不思議な力をもって、われわれの無明を除きます、この世の中は——さっきも言ったように笹の葉におく露のようなはかないものでしょ——旅の仮寝の宿のようなものだけど、われわれの仏さまを信じる心というもの、それだけがただ一つ真実のものですよ、と言っています。永遠の生命というものを、きっと弘法大師も考えていたと思いますね。私たちの持つ一つの心だけが、人間の本来のよりどころであると言うんです。

釈尊の臨終の時、いつもそばについているアーナンダに向かって「汝らは自らを灯明とし、自らをよりどころとせよ。他人をよりどころとせず、法をよりどころとせよ」と遺言されました。これは有名な言葉ですね。お釈迦さまは四十五年間行脚して、われわれ衆生の苦しみを抜き、楽しみを与えようとしたんですね。抜苦与楽、これがお釈迦さまの気持なんですよ。八十で亡くなった時、前にお話ししたように、鍛冶屋のチュンダという人のさしあげた食事で、腐った肉とも毒茸とも言われますが、それに当たってしまった。それでずーっと下痢しながら歩いていって、ついにクシナガラで亡くなります。

その時にお釈迦さまは、自分がチュンダのお供養を食べて病気になったから、彼がどんなに苦しむだろうと思うんですね。自分がまさに死のうとしている時、お釈迦さまはむしろチュンダのこれからの苦悩を想像するんです。何とかそれを楽にしてやろうと思い、みんなに向かって「私が今まで受けたお供養の中で、鍛冶屋のチュンダが出してくれたあのご馳走が、最高に尊いものだった」と言ってあげます。それは鶴のひと声ですから、チュンダはもうみんなに責められることもないし、彼自身の気持も、とても楽になるでしょう。お釈迦さまは、そういう優しいことをして、亡くなるんですね。

そしてアーナンダに「お前たちは自分を明かりとし、人をよりどころとするな、仏法をよりどころとせよ、他のものに依るな」と言った。これは非常に意味のあることで、お釈迦さまはただ拝めとか、あるいは偉い坊さんの言うことを聞けとか、そういうことは言わなかったんですね。頼りにするのは自分なんです。自分がしっかりしなきゃダメだって。自分が自分の心を鍛え、自分が正しいことをする人間になり、そういう自分を頼りにしなさい。自分を鍛えて生きなさい、人の言うことに煩わされるなと。これは大変なことでしょう。普通でしたら、お釈迦さまほどの人ですから、亡くなる時に「私を信じなさい」と言うと思いませんか。キリストなんかはそうですね。ところがお釈迦さまは、私のことなんかどうでもいい、とにかくお前は自分自身を信じて生きていきなさい、仏法に従ってやっていきなさいと遺言するんです。

アーナンダが泣き沈んでいると、釈尊がまた言いました。

「この世は美しい、人間の生命はなんと甘美なものだろう」

私はこの釈尊が大好きです。苦の世界と認識しながら、なお、こういう美しい言葉で、世界を、人を愛される釈尊が好きです。

結局、釈尊の開いた仏教というのは、自分と仏法をよりどころとして、人間形成をしながら生きていく、そして理想の人格に自分を鍛え、高めていきなさいという教えなんですね。わかりますか。ただお寺に行って、お賽銭をあげて拝む、そういうことじゃないんですよ。

もう一度『般若心経』に戻りますけれども、最後の「ガテー　ガテー　パーラガテー　パーラサンガテー　ボーディー　スヴァーハー」。これは訳してはいけないんですが、やはりそれでは人間は納得しないので、いろいろな人がこの真言に意味をつけて訳しています。私はこれを「往け往け　彼の岸へ　いざともに渡らん　幸いなるかな」としました。

最後にみんなで『般若心経』をあげましょう。

一年間よく来て下さいました。長い間ありがとうございました。

『開経偈』
無上甚深微妙法　百千万劫難遭遇　我今見聞得受持　願解如来真実義
『摩訶般若波羅蜜多心経』

観自在菩薩　行深般若波羅蜜多時　照見五蘊皆空　度一切苦厄　舍利子　色不異空　空不異色　色即是空　空即是色　受想行識　亦復如是　舍利子　是諸法空相　不生不滅　不垢不浄　不増不減　是故空中無色　無受想行識　無眼耳鼻舌身意　無色声香味触法　無眼界乃至無意識界　無無明　亦無無明尽　乃至無老死　亦無老死尽　無苦集滅道　無智亦無得以無所得故　菩提薩埵　依般若波羅蜜多故　心無罣礙　無罣礙故　無有恐怖　遠離一切顚倒夢想　究竟涅槃　三世諸仏　依般若波羅蜜多故　得阿耨多羅三藐三菩提　故知般若波羅蜜多　是大神呪　是大明呪　是無上呪　是無等等呪　能除一切苦　真実不虚　故説般若波羅蜜多呪　即説呪曰

掲諦掲諦　波羅掲諦　波羅僧掲諦　菩提薩婆訶

般若心経

『回向』

願わくば此の功徳を以って　普く一切に及ぼし　我等と衆生と　皆共に仏道を成ぜんことを

『般若心経』について

経の功徳

今年から、寂庵の十八日の法話は『般若心経』についてお話しすることにしました。まず一緒に『般若心経』をあげて下さい。私が「摩訶般若波羅蜜多心経《まかはんにゃはらみったしんぎょう》」と題をとなえますから、その次「観自在菩薩《かんじざいぼさつ》」から一緒に大きな声であげて下さい。

ハイ、ありがとう。各宗派によって節のつけ方がちがいます。あまり節をつけないで、棒読みするのが天台流ですが、この方が上品です。

さて、これは大変短いお経です。いくつの文字で出来ているでしょう。本文二百六十六字、題字十を加えて二百七十六字になります。これも、題に「仏説」をいれたり、「般若心経」とか「心経」だけにすると数が違ってきます。

お経を写すことを写経《しゃきょう》、持つことを持経《じきょう》、口であげることを誦経《ずきょう》といいます。そして、この三つはお経の功徳《くどく》があるといわれています。功徳とは本来すぐれた宗教的、道徳的徳質ということですが、神仏の御利益とも解釈するようになっています。病気が治る、お金がもうかる、いい大学に入学出来るなどを御利益と思いがちですが、そんな現世的なことでなく、持経、誦経、写経、そのどれもが自分の心を落着かせ、平常心をよみがえらせ、そこから物事の正しい判断を生むと、私は解釈しています。いつでも正しい判断さえ出来れば、人は困難や苦悩にうちかつことが出来、ひいては幸福が訪れ、それが取りも直さず御利益ということになるのだと思います。結果的に仏さまから幸福をいただくことです。

お経とは

ところでお経とは何か、仏教徒が大切にする聖典のことです。キリスト教では聖書、イスラム教ではコーランのようなものに当ります。キリスト教の聖書は、キリストのいわれた訓えを弟子たちが書き残したものです。

お経もお釈迦さまの教えを、弟子たちがお釈迦さまのなくなった後で、一処に集まって、忘れないうちにと、書き記したものです。その集会を「結集《けつじゅう》」といいました。それぞれの弟子が「私はこのように聞きました」といってから、覚えていることを話しそれを書きとめます。この言葉を「如是我聞《にょぜがもん》」といいます。お釈迦さまの生きていられた二千五百年前には、文字はあったのですが、まだ紙も、ペンも筆もありません。それで貝多羅葉《ばいたらよう》という大きな葉っぱに、釘のようなものとかとがった石などで書きつけたそうです。乾くと白い字が残ります。椿の葉っぱでためすとわかります。その葉っぱの一隅をとじあわせたものがお経になりました。サンスクリット（古代インド語）では経はスートラ（Sūtra）といい、タテ糸の意味があります。緯度経度の経緯で、緯はヨコ糸です。

お経にはすべて題がついています。私の小説だって題があります。題が決ればもう半分書けた気がするくらい大切です。

大乗仏教

『般若心経』は六百巻もある『大般若経《だいはんにゃきょう》』のエッセンスを集めたものだといわれています。釈尊滅後六百年ほど後に、釈尊の教えつまり仏教が、さまざまに分派して派閥が出来ました。それを統一して、釈尊の教えの原点に帰れという運動が起りました。これはインドの南の方に起り、西紀二五〇年ころ、龍樹《りゅうじゅ》（Nāgārjuna《ナーガルジュナ》）という大思想家が出て、混乱した仏教を系統だててまとめ、大乗仏教というものを打ちたてました。その時に出来たのが『大般若経』です。それには、大乗仏教の中心になる思想が「空」だと説いてあります。

大乗仏教は、釈尊の弟子たちが、その教えを論理的に研究して出来たものです。それに対して、釈尊の教えを直接聞いた旧い弟子たちが釈尊の言行をそのまま守ろうとした素朴な仏教があります。これを大乗の人たちは小乗仏教と呼びました。また大乗仏教はインドの北方へのびヒマラヤを越え、中国から朝鮮と渡っていきました。それで北方仏教ともいいます。小乗仏教は南へ伝わり、スリランカやタイなどにひろがりました。それで南方仏教ともいいます。

今、日本に伝わっていて、私たちが仏教といっているのは、大乗仏教のことです。

三蔵法師

インドのお経はもちろんインド語、サンスクリットやパーリ語（俗語）で書かれています。中国ではそれらの漢訳を国家的事業として大々的に行いました。その時、中心になって多くの経典を訳したのが三蔵法師《さんぞうほうし》玄奘《げんじょう》です。孫悟空や猪八戒の出る『西遊記《さいゆうき》』のあの主人公です。わが国では聖徳太子が外来の新しい仏教を受けいれることに情熱を燃やしていた頃のことです。中国は隋《ずい》の文帝の時代で、洛陽の東方の小さな村に玄奘が生れました。二十六歳の時、彼は国禁を犯してひとりインドへ向けて旅立ちます。当時、唐では外国へ行くことを禁じていたからです。熱砂の砂漠やヒマラヤの雪山を越え、艱難辛苦の求法の旅をしました。インドではナーランダ大学で仏教を学び、通算十六年の歳月をかけて、故国へ帰りました。行きも帰りも命がけでした。それから皇帝の命令で仏典の翻訳に従事し、翻訳僧として最高の名誉の三蔵という位を皇帝からもらったのです。今、私たちが読んでいる『般若心経』は、玄奘訳のものです。
この他に鳩摩羅什《くまらじゅう》という人の訳もあります。

摩訶般若波羅蜜多心経《まかはんにゃはらみったしんぎょう》

偉大な智慧の径《みち》

まず題から入りましょう。摩訶とはマハー（mahā）というサンスクリットの音訳です。偉大という意味で、多とか勝とかいう意味もあります。天龍寺の平田精耕老師は、マハーは常識を越えた比較対照の出来ない世界、すべてを包みこむ大きさと説いていられます。偉大な人とか、偉大な思想とかにマハーを使います。あのビルディングは大きいとか、相撲とりの体は大きいとかには使いません。釈尊は生後すぐ生母のマーヤー夫人を産褥熱で失い、叔母さんが釈尊を育ててくれました。その人の名を、マハーパジャパティーといいます。この人は尼僧の第一号になりました。

般若はサンスクリットのプラジュナー（Prajñā）、パーリ語のパンニャー（Paññā）の音訳で、智慧ということです。ただこの智慧は1＋1＝2というようなことを知る智慧ではなく、物事を正しく認識し判断するという智慧です。

波羅蜜多は、Pāramitāの音訳で、パーラとミターの二つがくっついたことばです。パーラとは、向う岸、あっちという意味で、ミターとは行く、渡るという意味で「到彼岸」ということです。私たちの住んでいるこちらは此岸《しがん》です。向う岸は彼岸《ひがん》です。此岸は苦しいことがいっぱいのいわゆる娑婆《しゃば》です。彼岸は悩みも苦しみもない涅槃《ねはん》の世界です。そう想定するのです。この両岸の間に川が流れています。煩悩の大河です。この川を渡らないと彼岸の浄寂の地には行きつけない。川を渡るにはチケットがいります。現代だって渡し舟のお金や、有料大橋か、いずれにしても料金がいる。チケットを入手するため仏教では六つの行をしなければならないと教えます。それを六波羅蜜《ろくはらみつ》といいます。六波羅蜜とは、布施《ふせ》、持戒《じかい》、忍辱《にんにく》、精進《しょうじん》、禅定《ぜんじょう》、智慧《ちえ》の六つです。

布施はプレゼント。プレゼントはいやいやしたらだめですね。心から喜んでする。お金や物をプレゼントするのは物施《ぶっせ》といいます。親切ややさしい心を与えるのは心施《しんせ》といいます。両方とも惜しい人は、顔をあげましょう。これを和顔施《わがんせ》といいます。つまり、誰に逢ってもにこにこすることです。親しみのあるやさしい笑顔をされて怒る人がいたら、よっぽど変人です。

持戒はしてはいけない戒律を守ること。殺生とか盗むとか、嘘をつくとか、悪口をいうとか、不倫をするとか、悪いことはするなということ。

忍辱《にんにく》はガーリックではありません。たえしのぶ、辛抱すること。この世は辛抱しなければならないことが一杯です。

精進は努め励むこと、何でも努力しましょう。

禅定は心を静かに定めることです。私たちの心はいつでも、怒りや妬みや恨みで波立ちさわいでいます。その心を静めて、座禅をしたり、写経したりして、平静にします。すると、物事を正しく判断し、理解する智慧が自然に生れてきます。

その智慧で自分を見つめ、生き方を考えれば、正しい歩み方が出来ます。

心は心臓、一番大切なもの。経はさっき説明しました。

それでこの題は、「彼岸へ渡るための偉大な智慧の一番大切なお経」ということになります。

観自在菩薩《かんじざいぼさつ》　行深般若波羅蜜多時《ぎょうじんはんにゃはらみったじ》

観音さま

これから『般若心経』の本文に入ります。

まず観自在菩薩《かんじざいぼさつ》の登場です。観自在菩薩とは、私たちが日頃観音さまと呼んでいる仏さまです。観世音菩薩《かんぜおんぼさつ》のことです。

お経の多くは唐時代に、三蔵法師玄奘が漢訳したと、前回話しましたが、それより二百五十年ほど前、中国は六朝《りくちょう》時代に、鳩摩羅什《くまらじゅう》（三五〇―四〇九）がたくさん訳しています。羅什は「維摩経《ゆいまきょう》」「法華経《ほけきょう》」「般若経《はんにゃきょう》」「阿弥陀経《あみだきょう》」などの他に、「中論」「百論」など三十五部三百余巻を訳しました。それが名訳で、日本で最もよく読まれた経典のほとんどでした。日本では特に「般若経」「法華経」「阿弥陀経」などが読まれていますが、これはみんな羅什の訳したものを用いています。

羅什の「般若経」の訳では「観世音菩薩」と訳されたものを、玄奘は「観自在菩薩」と訳しました。同じ菩薩のことで、原語ではアヴァローキテシュヴァラ(Avalokiteśvāra)です。

菩《ぼ》薩《さつ》

菩薩はボーディサットヴァ（Bodhisattva）の音訳である菩提薩埵《ぼだいさった》をちぢめて菩薩とした

ものです。覚有情《かくうじょう》ともいいます。覚った人間です。

菩薩のついた仏さまをあげてみましょう。観世音菩薩、地蔵《じぞう》菩薩、虚空蔵《こくうぞう》菩薩、普賢《ふげん》菩薩などが浮びます。それに対して如来《にょらい》のついた仏さまがあります。釈迦《しゃか》如来、大日《だいにち》如来、薬師《やくし》如来、阿弥陀《あみだ》如来などがあります。如来は至高至純の完全な仏さまと考えます。菩薩は如来より位でいえば一段下で、人間と如来の間の仏さまです。われわれ凡夫《ぼんぷ》は、どんなにがんばっても如来になることは出来ませんが、修行して菩薩道に励めば、菩薩になることは出来ると考えます。

また菩薩は、完全な仏である如来が、人間を救うために、菩薩の姿になって、われわれのいる娑婆《しゃば》世界に降りて来て、苦しんでいる私たちを助けに来て下さったとも考えます。それが観音さまであり地蔵さまです。観世音菩薩も地蔵菩薩も慈悲の誓願《せいがん》をたて、われわれ凡夫を救って下さる菩薩です。

悟れる人がみな仏陀《ぶっだ》であるように、悟りを求めて修行し、他の人を悟らせようとする人、上求菩提《じょうぐぼだい》、下化衆生《げかしゅじょう》の、自利利他を志す人はすべて菩薩ともいいます。

アヴァローキテシュヴァラは、もとはインドの女神だったのが、仏教に帰依し菩薩になったといわれます。直訳すれば世音を自在に観ずる求道者で、玄奘は直訳したとみられます。

インドの南にはポータラカ（Potalaka）という観音浄土があり、そこに観音さまがいらっしゃると信じられてきました。漢訳では補陀落《ふだらく》といいます。光明山、海島山、小花樹山などとも訳されました。陽が輝き、花咲き鳥歌う、楽土聖地のイメージです。

慈悲の菩薩

観音さまは、美しく髪を結ったり、宝冠をかぶったり、ネックレスやブレスレットをつけ、きれいな衣裳やスカーフをまとっています。これは人間に近い姿をあらわしているのです。観音像はみんな美しくやさしいので、女性だと思いがちですが、仏さまには性はありません。中性で、男でも女でもないのです。有名な狩野芳崖《かのうほうがい》の悲母観音《ひぼかんのん》も鼻下に口ひげが描かれています。百歳を越えてなくなった清水寺の貫主大西良慶師は『観音経のこころ』という本の中で、「観音大士《かんのんだいし》」というから男性だと説いていられます。元は勇敢な男性だったのが、慈悲心を表現するため、自然に女性的に表現されるようになったという御意見です。観音さまを描いたり彫ったりする仏師や絵師たちが、慈悲をあらわすため、母や妻や恋人のイメージをモデルにつくったのではないでしょうか。

もともとはインドの女神だったのが仏教に組みいれられてしまったのだから、女性的であっても当然かもしれません。

化身

観音さまの特徴に、三十三身に変現するということがあります。

観音さまは、慈悲救済の誓願を立てられ、わざわざわれわれの住む濁世に降りて来て、凡夫の悩みや苦しみを救って下さろうというのです。苦しい時に私たちは、ただ一心に「観音さま、助けて下さい」と呼べば、すぐその声を聞きつけて、観音さまは駈けつけてきて、苦しみを除いて下さるというのです。

その時、三十三の姿に化身《けしん》して現れるといわれます。この三十三というのは数字の三十三ではなく、多数とか無数のことです。仏教では三という数が好きで、三千大世界とか、一念三千とかいう言葉もあります。この三もすべて無数のと解釈していいでしょう。

三十三身に化身して示現するため、その相好《そうごう》も多種多様になってきます。聖観音《しょうかんのん》、如意輪観音《にょいりんかんのん》、十一面観音《じゅういちめんかんのん》、千手千眼観音《せんじゅせんげんかんのん》、准胝観音《じゅんていかんのん》等々たくさんのタイプの観音さまが生れています。道端に馬頭《ばとう》観世音を見かけることもあるでしょう。

達磨《だるま》大師が観音の化身と考えられたり、日本でも聖徳太子、光明皇后、当麻《たいま》の中将姫なども、観音の化身と伝えられているのも、この観音化身説から生れたことです。

最近、「寂庵だより」を発刊しました。馴れないことなので、造るまでは何とかうまくいったのですが、さて、出来上ると、思いがけないほど購読の申しこみがあり、電話は鳴り通す、問い合わせは殺到するで、寂庵はパニック状態になりました。折って封筒にいれ、あて名を書くだけでも、全員徹夜が何日もありました。そんな時、お詣りに来て下さった方たちが、「まあ、大変ですね、手伝いましょう」といってくれ、次から次に手伝ってくれます。中には翌日、お弁当持参で来て下さる方もありました。その時、私は千手観音の千本のお手がここに集ってくれたと、思わず合掌しました。

観音さまは誓願によって、私たちを救済したがっていられるのですから、私たちの方で助けて下さいといえば、すぐその声を聞きつけられるのです。「助けて下さい」でも、「アイ・ベッグ」でもいいのですが、仏教では「南無観世音《なむかんぜおん》」と、こんな時にいいます。

観世音という名でわかるように、常に世音を観じてくれるからです。音は聞くというべきなのに、観るというのは、おかしな表現ですが、香を嗅ぐといわず、香を聞く、聞香《もんこう》という言葉があるのと同じです。肌で聞くとか、肌で感じるとかいうのも同じことばの用法です。

南無とはサンスクリットのNamoの音訳で、帰依《きえ》するとか信頼するとかいう意味です。身も心もあなたに投げだして信じますということです。南無三宝《さんぼう》は仏、法、僧に帰依すること、南無阿弥陀仏は、阿弥陀さまに帰依すること、それがつまって、ナンマイダとなります。

奈良の二月堂のお水取りの時も、こもりの僧たちが一心に「南無観世音」と称えているうち、その声がだんだんつまって、最後には「ナムカン、ナムカン」となります。その力強い怒濤のような声明《しょうみょう》のひびきは、一度聞いたら忘れられるものではありません。外陣で聞いていても、こちらの体まで、ナムカンの声の渦にまきこまれて、忘我の境地にひきずりこまれます。

観音さまの化身は、こうして神通自在、変幻自在、まるでマジックのように行われるので、自在菩薩と呼ばれ、玄奘の直訳は、その特異性をうまく捉えているといっていいでしょう。

行《ぎょう》

「深般若波羅蜜多を行ずる時」というのが、この後につづきます。

行《ぎょう》は修行です。行は、仏教徒の義務です。何を行ずるのか、般若波羅蜜多を行じます。主語は観自在菩薩ですから、行をするのはここでは観音さまです。

般若は智慧、サンスクリットでプラジュナー、パーリ語でパンニャー。

波羅蜜多はパーラミターで、「到彼岸」。前回話しましたね。

彼岸に渡るためには布施《ふせ》、持戒《じかい》、忍辱《にんにく》、精進《しょうじん》、禅定《ぜんじょう》、智慧《ちえ》の六波羅蜜の行をしなければならないといいました。観世音菩薩のようなえらい方でも行をするというわけです。

布施には、物施と、法施の他に、無畏施《むいせ》というのがあります。これは恐れをなくするということで、私たち凡夫のこの世の恐怖、死とか、苦痛とかに対する恐怖をなくしてくれると解釈していいと思います。施無畏ともいいます。畏れをなくしてくれるのは観音さまなので、施無畏イコール観音ともいいます。

照見五蘊皆空《しょうけんごうんかいくう》　度一切苦厄《どいっさいくやく》

五蘊《ごうん》

先月は「**観自在菩薩《かんじざいぼさつ》　行深般若波羅蜜多時《ぎょうじんはんにゃはらみったじ》**」まですみました。観世音菩薩が般若波羅蜜多、即ち彼岸へ渡る偉大な智慧に到達するための此岸での生活の行を深く実践された時、さて、どうなったかというのが、今日から入る「照見五蘊皆空《しょうけんごうんかいくう》　度一切苦厄《どいっさいくやく》」となります。「五蘊は皆空なりと照見され、一切、すべての苦しみや災厄を度《ど》せられた」ということです。この場合の度《ど》すは救われたと解釈します。

五蘊は五陰《いん》ともいいます。蘊は、つつむ、たくわえる、ふくむ、こもるなどの意味があります。パンチヤ・スカンダーというサンスクリットに当ります。パンチヤは五、スカンダーは「あつまり」という意味です。

人間の体の中にふくまれているもの、あつめられているもの、いいかえれば、人体を構成するもので、それが五つあるということです。その五つとは、色《しき》、受《じゅ》、想《そう》、行《ぎょう》、識《しき》です。

色《しき》は、色気や好色の色《いろ》ではありません。ここでは、肉体、物質、つまり、現象の世界、形のあるもののことです。わたしも、あなたたちも、その机も、この黒板も、窓の外の樹や草や石も、色ということです。

受《じゅ》は、感覚です。感受作用です。色を物と見て、受以下、想、行、識は自分の内側ということで、色は客観の世界、受、想、行、識は主観の世界といえばわかりましょう。受は、そこにあなたがいるなと、目で見て感じることです。机は四角いな、黒板は黒いなと感じることです。花はいい匂いがするなと感じることです。

人間が感じるには六つの器官があります。仏教では眼《げん》、耳《に》、鼻《び》、舌《ぜつ》、身《しん》、意《い》と呼んでいます。意《い》は音をなまって「に」と普通言います。私たちは目で見、耳で聞き、鼻で嗅ぎ、舌で味わい、身体で痛いとか暑いとか気持がいいとか感じます。意は、眼、耳、鼻、舌、身が感じることを、意識する器官ということで、意が他の五官に結びついてはじめて感覚したということになるわけです。

想《そう》は、想念で、知覚作用のことです。寒い時に暖房器にスイッチが入ると、温かさを肌で感じるのは、身体で感じた熱というわけで、それを、ああ、温かくなって気持がいいなと知覚するのが想です。

行《ぎょう》は、意志の作用というとわかりやすいでしょうか。自分を好いてくれると嬉しくなります。自分も相手を愛し、そむかれると腹が立って憎むというような念が行ということです。

識《しき》とは、認識することです。色と受と想が結びついて認識がおこるわけで、行は、それを結びつける作用とも考えられます。物が在れば、認識があるわけで、認識とは心と解釈することも出来ます。

色、受、想、行、識が揃って、はじめて認識ができるということです。

五つの要素が結びつかないと、物があっても、私たちにとってはないも同然ということになります。目でいくら見たって、光がなければそれは見えないし、光があって、物が目に映っても、それをどんなものかと受けとり、何であると認識しないかぎり、物はないも同然ということなのです。

皆《かい》空《くう》

心のはたらきによって、人間には迷いや欲望が起ってきます。煩悩です。あれもほしい、これもほしい、えらくなりたい、美味しいものを食べたい、いい着物を着たい、宝石がほしい、いい家に住みたい、愛されたい、敬われたい、人気がほしいなどという欲望のすべてを煩悩といいます。

除夜の鐘は百八つ鳴らされます。百八つというのは、煩悩の数だといわれていますが、これは具体的な数字ではなくて、仏教では無限ということを表します。人間の煩悩の数は無限にあるということなのです。

その煩悩もつきつめていけば、心が起す欲望です。自分が他人より器量が悪いと思ってコンプレックスにおちいるのであり、あの宝石が買えないと口惜しいのであり、自分の家より向いの家が大きいから情けないと思うのです。けれども、目で見て比べるものは、認識しないと、ないも同然、つまりないのだと思えばどうでしょう。物質もないのだし、物と結びつかなければ、受、想、行、識もはたらかないのです。つまり、心のはたらきがないとは、心そのものがないということです。この机があっても、それを見て、机だと認識する心がなければ、机はないと同然でしょう。

物も心もないところに何の悩みや葛藤がおこるでしょう。

これが、皆空という認識です。五蘊は皆空だと照見する。はっきりと認識するということです。

度一切苦厄《どいっさいくやく》

一切はすべてです。苦厄は苦しみや災厄です。この世のすべての苦悩や災厄ということは、私たち人間が生きている上で避けることの出来ない、さまざまな災難や、それによっておこる苦しさということです。

仏教では、人間の苦しさを四苦八苦といいます。

四苦とは、生《しょう》、老《ろう》、病《びょう》、死《し》です。

生苦は、生きている者に共通の苦しみともされますが、生れてくる苦しみともいえます。人間は生れてくるのだって、たやすく生れるわけではありません。胎内の十カ月でさえ、いつ不測の事態がおこって、消えてしまうかわからないし、生れてくる時だって難産だと母胎を切り開いたり、鉗子《かんし》で引っぱり出されたり、下手をすると、その時、頭をけがしたり、取りあげ方が悪いと、脚を脱臼したりします。親がエイズだと、生れる前からエイズに感染することだってあるのです。

生れてくると、いやでも老いと死に向って歩かねばなりません。長生きしたいと思っても、病気になれば叶わないし、あらゆる病気は病苦を伴います。手術されたり、コバルトをかけられたり、副作用のある薬をのんだり、苦がつきまといます。そして歳をとれば、いやでも老醜はつきまとい、長生きしたらしたで、ぼけたり、身体が不自由になってしまいます。排泄さえ自由に出来ず、寝たきり老人になるのもつらいものです。今の日本のように、人の寿命がのびればのびたで、老人の苦労は増大しています。

そして終りには死。どんなに死にたくないとあがいたところで、誰一人死をまぬがれる人間はいません。秦《しん》の始皇帝以来、不老長寿の薬は需《もと》めることは出来ないのです。

釈尊がいみじくも、この世は苦だと断言されたのもうなずけます。

仏教ではこの人間として逃れ難い四苦に、更にもう四つの苦を加えます。それは、愛別《あいべつ》離苦《りく》、怨憎会苦《おんぞうえく》、求不得苦《ぐふとっく》、五蘊盛苦《ごうんじょうく》の四苦です。

愛別離苦とは、愛する者と別れる苦しみです。死別にしろ、生別にしろ、愛する者と別れるくらい、人間にとって悲しい辛いことはありません。

怨憎会苦とは、嫌な人間、憎らしい人間とも人はこの世で逢うことを逃れられないということです。恋仇、仕事のライバル、憎らしい嫁、姑、上司、同輩、同僚の中にも、どうしても好きになれない人間がいるものです。だからといって、すぐ離縁したり、職を変えるわけにもいきません。

求不得苦とは、欲しいものが手に入らない苦しみです。好きな相手から愛されない、入りたい学校や会社にパスしない、ミンクの毛皮がほしいのに亭主の給料では手が出ない、家を建てたいけれど、土地も買えない等々、人間生きているかぎり、欲しいものが手に入らなくて口惜しく情けなく、苦しみます。

五蘊盛苦とは、五蘊つまり人間の肉体と心が生むところの激しい苦悩、煩悩ということです。性欲と解してもいいでしょう。

仏教でいう解脱《げだつ》、ニルヴァーナとは、これらの苦しみから解放されること、解き放たれることです。

五蘊が皆空だということは、さっき話しました。すると、五蘊がつくるところの苦悩というものはないということになります。

私たちは、物に執着し、人の心に執着し、名誉や地位に執着し、それを放すまいとして思い悩むのです。その執着するもとのものが一切ないとすれば、私たちは苦しみから解き放たれることにならないでしょうか。

苦しいと思う心を解き放って、ばらばらにした時、苦は消滅しています。

度《ど》すとはこの場合は救うということです。観音さまが、五蘊皆空という真実を発見して、人間のすべての苦を救いあげられたということです。

ここまでの二十五字は、『心経』の全体を起承転結にわければ、起に当ります。

舎利子《しゃりし》　色不異空《しきふいくう》　空不異色《くうふいしき》　色即是空《しきそくぜくう》　空即是色《くうそくぜしき》　受想行識《じゅそうぎょうしき》
亦復如是《やくぶにょぜ》

舎利子《しゃりし》

今日はこの段にすすみましょう。舎利子とはお釈迦さまの十大弟子のひとりの名前で、智慧第一の舎利弗尊者《しゃりほつそんじゃ》と呼ばれ、弟子たちから尊敬されていました。サンスクリットではシャーリプトラです。

舎利弗は中インドのマカダ国の首都王舎城《ラージャガハ》郊外のナーラカという村に生れ、父はバラモンのすぐれた理論家でヴァンガンタという人でした。長じてサンジャヤ・バラッティプッタという偉いバラモンの弟子になり、モッガラーナ（目犍連《もっけんれん》・目犍《もっけん》）と共に重きをなしていました。

釈尊の弟子で初転法輪《しょてんほうりん》を聞いた五人の比丘《びく》の一人にアッサジ（馬勝《めしょう》）という男がいました。ある日、アッサジが王舎城に行乞をしに行きました。その時、偶然、シャーリプトラも王舎城の町へ来ていて、アッサジに出逢いました。シャーリプトラは、アッサジがあまり気高い感じがしたので、

「あなたはどなたですか、誰を師としていますか。またどんな真理を得てそんな気高い御様子をしていらっしゃるのですか」

とききました。アッサジは、

「わたしはアッサジという者で、釈尊を師と仰いでいます。まだ教団へは入って間もないのでよくわかりませんが、わが師はこんな詩偈を教えて下さいました。

諸法従縁生　如来説是因　是法従縁滅　是大沙門説（あらゆるものは、因縁より生ずる。その因縁を如来は説きたまう）」

この詩偈を聞いたとたん、シャーリプトラは、はっと悟りの眼が開かれ、すぐさま、バラモンの教えをふりすてて、釈尊の許に馳せ参じ弟子になりました。親友の目犍《モッガラーナ》も行動を共にしました。サンジャヤの弟子の中から、二百五十人もの弟子たちが、みんなふたりについて釈尊の弟子になってしまいました。

サンジャヤは、怒って血を吐いてしまいました。私は弟子にみんな去られて、血を吐いたサンジャヤが何だか可哀そうでなりません。バラモンの教えがまちがっていたとしても、こうまであっさり師を捨てるのはどうかと思います。ただし、昔の人たちが道を求めるのは、これほど真剣で、真理と見れば、すべてを捨てて飛んで行くのが本当なのでしょう。「因縁《いんねん》」というひとつのことばが、これほど強い力を持ったことを見逃せません。

釈尊が菩提樹下で体得された悟りとは、実にこの「因縁の原理」だったからです。仏陀の成道《じょうどう》とは、「万物は因縁より生ず」という真理の発見に他ならなかったからです。それを他に向って説かれたことが仏教となったのです。

原因があって結果が生れるというのが因縁です。あそこに椿が赤い花を咲かせていました。あの椿の木は、私がここに住みつく前からあそこに生えていました。椿の実があそこに落ち、そこに雨がそそぎ、陽があたり、芽を出し、やがて木となって成長したのでしょう。実がひとつあっても、それが地中に入り、水や陽や、土の栄養をもらわないでは、木となりません。一粒の実が因で、それに、水や陽や肥料という縁の条件が加わって、結果が生れるということです。私がいる、あなたがいる。それが因です。あなたが私を知ったのは何によったのでしょう。私が本を書いたのを読んでくれたから、あるいは、私が、ラジオで喋ったり、テレビに出たのを聞いたり見たりしてくれたからでしょう。それが縁です。その縁の条件が加わって、あなたが今日、ここへ来られて、私の話を聞いてくれるということになりました。これが果です。因に縁が加わり果を結ぶのです。

話がそれましたが、舎利弗《シャーリプトラ》を一瞬にして捉えた因縁とはこういうものでした。

観世音菩薩が舎利子に呼びかけられた形で話がすすめられています。この場合、舎利弗は衆生の代表と考えていいでしょう。智慧第一の舎利弗が、私たちの代表として観音さまの教えを聞いているわけです。

色不異空《しきふいくう》

色不異空の色は、前回五蘊《ごうん》のところで話しました。五蘊は色、受、想、行、識でした。色は、サンスクリットもパーリ語も共にルーパといいます。物体、物質、現象の世界、形あるものです。現象の世界というのは空に異ならない。空と同じだ。空だというのです。空も前回、皆空のところで話しました。私たちの煩悩はすべて心から起るものです。心がなければ、人間には迷いも悩みも生じません。無心になるということばがあります。赤ん坊は無心だといいます。座禅をして無心になる。写経をして無心になる。無心になるには何かに熱中して三昧《さんまい》になればいいといいます。何か一生懸命に打ち込んでいる時は、それ以外のことは何も考えていない。その時心はないも同じです。私が物を書くのに熱中している時、誰かがお茶を運んできて、そばに置いていってくれるのに気づかない時がよくあります。書くことだけに三昧になっていて、物音も気配も感じないのです。その時、私にとって感覚、つまり、受想行識は無なのです。

けれども、仕事を終えたとたん、ああ、しんどかったとか、今日はうまく書けたとか、さまざまな思いが湧いてきます。咽喉が乾いていたことに気づくし、インクで指が汚れているのにも気づきます。近所の家の普請している槌の音もはっきり耳に入ります。さっきは仕事三昧になって、その物音が一切聞えなかったのです。インクのしみも見えなかったのです。聞かず、見なければ、それらはないも同じです。しかし意識が常にかえれば、即、それらは見え、聞えます。つまり、大工の槌の音も、インクのしみも、さっきからあったのです。

色は空に異ならず、空は色に異ならずとは、こういうことです。すべての現象はないと思えばないし、あると思えばあるのです。心が認めればあるし、心が認めなければないのです。ものという因があっても、それを見たり、聞いたりする条件の縁がそわなければ、結果としてのものがないも同然だということです。ですから、空とは、「ない」ということだといえますが、また「ある」ともいえるのです。「ない」と「ある」の両方の性質を持ったのが空なのです。

弘法大師の『般若心経《はんにゃしんぎょう》秘鍵《ひけん》』には「色空本《もと》より不二《ふに》、事理元《もと》より同なり」と解釈されています。

色即是空《しきそくぜくう》

色即是空は、あまりに有名なことばです。仏教の表看板のようです。即はイコール。色即是空は、色不異空と同じことです。同じことをちょっとちがう言葉にかえていったまでです。宮崎忍勝氏は、色不異空、色即是空を、上求菩提《じょうぐぼだい》の境地で、空不異色と空即是色を、下化衆生《げかしゅじょう》の菩薩の境地と説いていらっしゃいます。

色、即ち物に執着する煩悩を空と観じて浄化していく菩薩の心が上求菩提です。菩薩は自らの悟りの中に安住しないで、一切衆生を教化しその苦しみを抜くために、空は「ない」と同時に「ある」を意味しているんだ、と衆生に絶望を与えないよう働きかける。これが下化衆生です。

色即是空があまりに有名で、しかも世の中の大方の人々が、色を恋や情痴と思いこみ、色事にうつつを抜かしたって、空しいものだ、と解釈したため、全く仏教の教えを歪めてしまっていたのです。

空と有情が並列してあることが人世です。此岸は、穢土《えど》なのです。その中に生きているかぎり、私たちは、形もないものを形あるものとして執着し、煩悩にふりまわされて、四苦八苦しているわけです。それでも、煩悩がつまらない執着の対象にしているものは、すべて空で何もない幻なのだといわれたら、私たち凡夫は生きていく希望も何も失ってしまいましょう。私たちは、欲望があるから生きていられるのです。あれもしたい、これもほしいと思うからこそ、明日もまた生きる力が湧くのではないでしょうか。この世のあらゆる文明も、科学も、芸術も、人間の飽くなき欲望の生んだものです。仏教は、煩悩あればこそ、凡夫がその苦から脱出したいと菩提を求める気にもなるのだから、煩悩即菩提と教えます。煩悩を上手に飼いならし、手綱をうまくさばくことによって、私たちはこの世を生きていけるのです。それが空即是色です。

三島由紀夫氏の最後の小説「豊饒の海」のラストシーンに、月修寺の老門跡尼《もんぜきに》のことばとして、こんなことが書いてあります。

「記憶と言うてもな、映る筈もない遠すぎるものを映しもすれば、それを近いもののように見せもすれば、幻の眼鏡のようなものやさかいに」

それでは現実にこの世に生きた彼の人も此の人もいなかったのかと、問いつめる相手に、老門跡尼は答えています。

「それも心々《こころごころ》ですさかい」

舎利子《しゃりし》　是諸法空相《ぜしょほうくうそう》　不生不滅《ふしょうふめつ》　不垢不浄《ふくふじょう》　不増不減《ふぞうふげん》　是故空中《ぜこくうちゅう》
無色《むしき》　無受想行識《むじゅそうぎょうしき》　無眼耳鼻舌身意《むげんにびぜつしんい》　無色声香味触法《むしきしょうこうみそくほう》　無眼界乃《むげんかいない》
至無意識界《しむいしきかい》

諸法空相《しょほうくうそう》

この章はふたたび舎利子に話しかけられる形をとっています。

「舎利子よ、是《こ》の諸《もろもろ》の法は空相なり。生ぜず、滅せず、垢《けが》れず、浄《きよ》からず、増すことなく、減ることなし。是《こ》の故《ゆえ》に空の中には色もなく、受想行識もなく、眼耳鼻舌身意もなく、色声香味触法もなく、眼界もなく、乃至《ないし》意識界もなし」

ということで、**空相**を説いた章です。

諸法は空相なりということは、これまでいってきたことを、もう一度まとめてくりかえして強調していることです。即ち、この世のあらゆる現象や目に見えるものは、心のはたらきによっておこるもので、心のはたらきの縁が加わらなければ、この世のすべてのものはないと同じなのです。

長野県での講演

形あるものは、すべては空、皆空だという認識をもてば、ものに執着する心がなくなり、煩悩が消え、みんな苦しみから救われるということが、これまで説かれてきました。それを更に念をいれて説明したのが、諸法は空相だということです。

法は、仏教では宇宙を司る理法、教えと、その理法によって支えられている森羅万象、即ちあらゆる存在するものをもさします。ここでは法は、理法でなく、ものをさしています。存在するものとは色《しき》です。法と色が同じく「もの」ならば、すべての法は空であるという論旨は、色即是空と同じで、法即是空といってもいいわけです。その諸法はまた不生不滅《ふしょうふめつ》だというのです。仏教では諸行無常を教えます。この世のすべてのものは、移ろいゆき固定しないというのです。今どんなに若く美しい娘でも、やがて必ず歳をとり、皺くちゃのお婆さんになり、ついには死ぬということを直視せよというのです。満開の桜も必ず散ってしまいます。

私たちの肉体はたしかに老い、病み、そして必ず死んでいきます。けれども、愛する人を失った者にはよくわかるのですが、私たちは彼らの魂の死を認めることが出来ません。私たちが彼らを想うたび、彼らはむしろ、生きていた時以上に、なまなましく私たちの心によみがえり、ぴったりと寄りそいます。その時、死者は私たちの心に確かに生きているのです。その時は死者の生命は不滅です。私たちはある日、ある時、愛する人と見た月や花を忘れることはありません。でもその時の月は消え、花は散っているのです。それでも私たちの心の中には、その時の月も花もその日のままの美しさで生きつづけています。記憶の中に不滅です。

肉体だけを考えても、子供は親の血と肉と骨と、無限の可能性の芽をもらって、この世に生れてきます。すると親の肉体はこの世では滅んでも、子の中に残されているのです。その子はまた自分の子に伝えていく。とすれば、決して死と共に、一人の人間は滅び去ってしまってはいないことになりましょう。不滅とはこういうことです。私たらの細胞は医学的には七年めで完全に入れ替わるといわれています。すると老い滅びていくように見える肉体も生れかわり滅びていないということです。普通私たちは、母の胎内に宿った時からを生と考え、呼吸が止った時を死と考えていますが、今まで見てきたように考えれば、私たちが考えている人間の誕生、即ち、精子と卵子が合一した時が生の始めでもなければ、心臓が止り、肉体の機能がすべて止んだ時が生の終りでもないということになります。ことによれば肉体が死んでから、その死者の思想や研究が認められ、生きていた時以上に活動することだってあるのです。「もしそうだとすればこの死者には、死が生の始めともいえます」と書いたのは岡本かの子でした。

かの子は歌人で小説家です。漫画家の岡本一平の妻で、画家の岡本太郎の母でしたが、その他に、仏教研究家として、昭和のはじめにおこった仏教ルネッサンスと呼ばれた頃、大変活躍した人でもありました。

かの子は、小説家として認められたくて、ずいぶん勉強も努力もしましたが、文壇に認められたのは、五十歳で死ぬ直前のわずか一、二年のことで、本当のブームは、死んだ後からおこりました。かの子の文学は、今では同時代のどの女流作家よりも高く評価され、文学史に残っています。この例などは、かの子が生前にはからずも、自分の死後の復活を言い当てたということになりましょう。

またかの子の仏教観というのは、いのち、すなわち宇宙の大生命というものに要約されていました。この世のすべての現象、大自然、人間、植物、動物、それらのすべてを司る宇宙の大生命のようなものがあって、絶対の真理がそこに存在している。それを渇仰することが信仰だという宗教観を持っていました。

『根本法華経見聞《こんぽんほけきょうけんもん》』という古書が、京都の曼殊院《まんしゅいん》に伝わっています。これは昔の天台宗の僧が、代々口伝《くでん》で教え伝えたものを、ある時から筆写するようになって残されたものです。口伝《くでん》の始めには片カナでロイと書きます。ロは口《くち》、イは伝えるの略字です。

この中でも、生れるのは依報の空《くう》が正報の色《しき》として顕《あらわ》れた相《すがた》で、死ぬとは、正報の色が、依報の空に帰った本性なり。乃ち生死一如迷悟不二、依正一躰だと説いています。この中で、氷を色《しき》、水は空《くう》とし、ここに寒という縁が水に作用して、氷という色《しき》になる。このたとえが色は空だという姿だと説明しています。このまま、因、縁、果の例にもなるものです。水が因、寒が縁、氷が果です。ここでは果が色の役をしていることに気づきます。ここでも色即是空のことわりがうなずけるわけです。

伝教大師は、生がもし実の生ならば、生じて滅すべからずといっています。実の生とは、真実、絶対の生とでもいうことでしょう。同じように死が絶対の死ならば、死んでまた生れるということはない筈だと説かれています。勝範という僧は、生は仮《け》、死は空《くう》、存在の間は中道だと説いています。これは天台思想の空、仮、中の三諦《さんたい》の思想にあてはめた考えかたを示しています。三諦とは、空、仮、中の三つの真理のことです。

すべての存在は、因縁によって生じるので、それ自体はないから空である。これを空諦《くうたい》といいます。空というのは仮に名づけられたもので実体はなく、縁によって仮に存在しているものだから仮諦《けたい》だといいます。あらゆる事象を仮のものとして肯定するのが仮諦の立場です。空諦は常識的立場の否定です。

すべての存在は、空と仮にわけて考えるべきでなく、空と仮が常にからみあって同時に存在すると考える立場を、中諦《ちゅうたい》といいます。否定し、肯定し、その両方を認めるのが中諦です。それは言葉や思慮の外のものです。この考え方を一心三観ともいい、天台思想の中心になっています。

虚空そのものは不生不滅です。いつでも私たちの上に広がっています。けれども霞が起って雲と聳えれば生であり、見る人によっては馬に見えたり船に見えたりします。それらが消えされれば滅となります。雲がすぎ去り消えれば馬も船も幻想にすぎなかったのです。心が空寂で般若の智慧にみたされた大虚、即ち悟りの心には、迷いの雲の一片も生れないので、不生不滅だと、この本には説いています。

是故空中以下、「無色　無受想行識　無眼耳鼻舌身意　無色声香味触法　無眼界乃至無意識界」までは、五蘊はないということを繰りかえしています。空の立場からいえば、五蘊、即ち色受想行識はない。これは前の五蘊皆空のくりかえし、強調したものです。

眼、耳、鼻、舌、身、意を、仏教では六根《ろっこん》といいます。肉体と思慮との作用です。眼から身までが肉体、意が思慮です。六根が見、聞き、嗅ぎ、味わったものが、色、声、香、味、触、法で、これを六境《ろくきょう》といいます。六根の対象です。法境は、思慮が考えだした思想です。

眼界乃至意識界とは、六識が六境を感じ認識することをさします。この六根、六境、六識を合せて十八界といいます。

図で示せばこの関係がわかり易くなります。

五蘊　色受想行識

十八界
- **十二処**
  - **六根**　眼耳鼻舌身意
  - **六境**　色声香味触法
- **六識**　眼界乃至意識界

この世の現象のすべては、五蘊、十二処、十八界が網の目のようにからみあって存在しているものです。ただし、それを認識する心がなければ、すべてはないと同様で、無だというのです。この無も、空に似て、数字のゼロ的な考え方ではないのです。空は、仏教では何物にも捉われない心、真の自由というように解釈して、むしろ、その中に無限の可能性をはらんでいると考えます。無もまた、そういう無尽蔵なものをはらんだ豊かな無と解釈するのです。

無《む》無《む》明《みょう》　亦《やく》無《む》無《む》明《みょう》尽《じん》　乃《ない》至《し》無《む》老《ろう》死《し》　亦《やく》無《む》老《ろう》死《し》尽《じん》

無《む》明《みょう》

無明が無ければ、亦《ま》た無明を無くし尽し、乃至は老死が無ければ、亦た老死を無くし尽くす。

これまで五蘊はないということ、五蘊皆空ということを繰り返し強調してきたわけです。すべての現象も心がそれを認めなければないということが、今までくり返し述べられてきました。

その心、人間が生れた時から持っている心は本来無明だと仏教では考えます。無明、即ち明るくない、闇です。心の闇という言葉がありますが、そのことです。真実に明るくない心、真理に明るくない心、つまり、無知、愚かということです。それはまた人間の心の迷い、悩みをさします。心は煩悩の固りで、それを無明とも呼びました。無明という語が、仏教ではじめて使われたのはいつかと考える時、まず釈尊の生涯について語らなければなりません。

ゴータマ・ブッダ

釈尊は、今から約二千五百年前、紀元前四六三年に、今のネパールのヒマラヤ山麓の小国のカピラヴァットウという首都に、王子として生まれました。

その国は千葉県くらいの小ささでしたが、米がよくとれ豊かな国でした。父王はスッドーダナ（浄飯王《じょうぼんおう》）、母はマーヤー（摩耶夫人《まやふじん》）でした。釈尊は、ゴータマ・ブッダと呼ばれています。ゴータマは姓で、ブッダは覚《さと》れる者という意味です。中国や日本では、釈迦と呼びますが、これはゴータマ・ブッダの出身がサーキヤ族だったからで、サーキヤをシャカともいい、種族の名前です。パーリ語の sakka サンスクリットの saka を音写したのが釈迦です。釈迦牟尼《しゃかむに》は、釈迦族出身の聖者という意味の sakyamuni という語の音写です。

釈尊の幼名はシッダッタ、あるいはシッタルダとも呼ばれ、漢訳では悉達、または悉達多と書きます。目的を達成するという意味でした。

種姓は、クシャトリア（王族、軍人）でした。インドのカーストでは、バラモン（祭祀を司る者）についで二位がクシャトリアです。

何不自由なく育ちながら、シッダッタはどこか憂鬱な少年でした。母のマーヤーが、シッダッタを産むと間もなく、たぶん今の産褥熱でなくなり、叔母のマハーパジャパティーが継母となり育てられていました。物想いに沈みがちな瞑想癖のある少年を案じて、父のスッドーダナは、あらゆる快楽を与えます。結婚も早くて、十六歳でしています。三人の妃がいたとされていますが、一番若いヤソーダラーが正妃で、ラーフラという王子を産みました。

シッダッタ二十九歳の時です。出産がおそかったのは、十六歳の夫の妻になったヤソーダラーはまだ子供で、成長するのに時がかかったということでしょう。

成道《じょうどう》まで

シッダッタは、後継者が出来たのを見届け、家を出て修行僧の群れに投じます。この頃からゴータマと呼ばれています。出奔の理由を、後に自分の口からは、「善を求めて家を出た」と語っています。つまり求道の修行に出たわけです。王位も愛する家族もすててまで彼が熱心に求めた道とは何だったのか。それは人の世の苦や悩みからどうしたら救われるかということです。生、老、病、死の人間の運命について、悩み考えたということになっています。仏伝作家は若き王子が城の四門から遊出した時、老人と、病人と、死人と、最後に出家した聖者を見て、出離の願望を持ったとしています。何れにしろ、釈尊は人間の不幸を、自分の個人的な悩みとしてでなく、人間全般の普遍的な運命であり、悩みとしてとらえたのでした。後年の釈尊自身の回想によれば、若き日の彼はほっそりとして華奢で感受性が強かったとのべています。

下着も上着もカーシー（ベナレス）産の絹しか着ず、三つの宮殿で美しい侍女たちに取り囲まれ、歌や踊りや快楽にふけったとも語っています。その彼が愛する肉親を捨て、自分で髪を断ち、修行僧として苦行林へ入って、六年もの間言語に絶する苦行を自分に課したのでした。けれども悟れませんでした。ある日、彼は思いきって苦行を捨て、ネーランジャラー河のほとりの美しい村に出ました。村の女のスジャーターの捧げた乳粥で体力を養い、沐浴して年来の垢を落し、河を渡ってウルヴェーラー村の菩提樹の下で座禅に入りました。

七日目の朝、明星の光と共に、ついに悟りを開いたのです。紀元前四二八年十二月八日とされ、この日を釈尊成道《じょうどう》の日と、中国や日本では定めています。

十二縁起《えんぎ》

この時の悟りの内容を、学者たちはさまざまに研究し、「縁起の法」を悟ったといわれます。

縁起の法とは十二縁起、または十二因縁というものを悟ったということになっています。十二支縁起ともいわれます。

因縁とはすでに話しました。はじめに因があり、それに縁の条件が加わって、結果があらわれるということです。

縁起といえば、私たちが日常、縁起が悪いとか、いいとか、縁起をかつぐとか、つかっていますが、あれはまちがって使っているので、本来は、縁《よ》りて起《お》こるということです。

初期仏教では、「縁起を見る者は法を見る。法を見る者はわれ（仏陀）を見る」と説いています。

十二縁起を仏陀の悟りといいますが、「人生は苦だ」という釈尊の新発見の発想がまずあり、その苦をなくす方法として考えついたのが十二縁起だということをしっかり覚えておきましょう。

人間の生活にあらわれる、物質的、精神的なすべての要素は苦である、というのが釈尊の基本的考えです。人間の生の苦の現実を、ありのままに十二の段階にわけて示したものが十二縁起です。

1 無明《むみょう》（無知、迷の根本）
2 行《ぎょう》（身、口、意による潜在的形成力、生活作用、生活活動）
3 識《しき》（識別作用、判断力）
4 名色《みょうしき》（精神と肉体、心と物）
5 六入《ろくにゅう》（六根、六処と同じ、眼、耳、鼻、舌、身、意の六つの感覚器官）
6 触《そく》（六根とその対象の六境が触れること）
7 受《じゅ》（感受作用）
8 愛《あい》（渇愛）
9 取《しゅ》（執着）
10 有《ゆう》（現実の人生の姿）

11　生《しょう》（生れること）

12　老《ろう》・死《し》（苦を代表させたもの）

ここに無明があらわれます。迷いの根本である無知が、人間の中にあるのです。われわれの心の闇といってもいいでしょう。煩悩への果てしない妄執です。「はじめに無明ありき」ということです。

例をあげて考えましょう。一人の男がいます。男の心は無明です。潜在的に女を欲しがっています。ここに一人の若い魅力的な女があらわれます。彼はすぐその女に欲望を抱きます。彼はその女を手にいれようと思います。それが行です。そう思って女を見ると、なかなか魅力的だと判断します。それは識です。

精神と肉体を動員して感覚のすべてで彼女の魅力を味わうと、触れずにおられません。触です。触れたから快く思います。受です。すると愛が生れます。この愛は渇愛です。愛すれば自分の物にして誰にも渡したくない、取です。執着です。そこで二人は結婚します。有です。結果として、子供が生れます。生です。その子の一生は老と死に代表される一切皆苦の生涯です。老・死です。

その人間の生の苦を除くにはどうすればいいか。今の反対をたどればいいので、後ろからだんだん消していくと、最後の「無明」を滅せばいいということになります。これをまとめたのが苦集滅諦の教えです。苦を滅すには無明を滅す。つまり、真の智慧を身につけることです。

『般若心経』では、無明と老死で、十二縁起を代表させています。無明がなくなれば、老・死もなくなり、輪廻流転もなくなると考えます。

これまでの読み方は、無明もなく亦た無明の尽きることなしと読んでいますが、私は、無明が無ければ、無明を無くし尽すと読んでみました。その方が納得出来るように思います。

老死もそう読めます。

無《む》苦《く》集《しゅう》滅《めつ》道《どう》　無《む》智《ち》亦《やく》無《む》得《とく》　以《い》無《む》所《しょ》得《とく》故《こ》

四《し》諦《たい》

苦集滅道もなし。智もなくまた得もなし、得る所なきを以《もっ》ての故《ゆえ》に。

「苦、集、滅、道」を、仏教では四つの真理として「四諦《したい》」といいます。仏教の根本原理とされています。四聖諦《ししょうたい》ともいいます。

諦は、サンスクリットのシャタイヤの訳語で「真理」です。マコトです。ツマビラカとか、アキラカとかいう意味です。真理をはっきりさせるといってもいいでしょう。

苦諦《くたい》　この世は苦しみであるということ。苦には四苦、八苦があります。四苦は、生《しょう》、老《ろう》、病《びょう》、死《し》です。生苦は出産の苦しみではなく、輪廻する苦の世の中に生れることが、すでに苦であるということです。老、病、死は、共に人間がさけることの出来ない、生きていく上での苦しみです。この他に、

愛別離苦《あいべつりく》（愛する者と別れる苦しみ）

怨憎会苦《おんぞうえく》（憎む者と会う苦しみ）

求不得苦《ぐふとっく》（求めるものが得られない苦しみ）

五蘊盛苦《ごうんじょうく》（物質的な存在と、精神作用、色、受、想、行、識、感覚、表象、意欲、思惟などのすべてが苦であること）

の四つを加えて、八苦といいます。

集諦《じったい》　苦の原因を渇愛（欲望と執着）とし、それは人間の心の無明によるものだとみること。

滅諦《めったい》　苦の原因である無明を滅して、迷いない理想の境地、涅槃《ねはん》（ニルヴァーナ）に入る

ことをいう。

道諦《どうたい》　ニルヴァーナに至る方法を教えたもので、それを八正道《はっしょうどう》だという。

四諦説は、苦諦、集諦で、この世の苦の姿と、苦の原因を示し、滅諦、道諦で、それをのがれて、悟りの世界へ入るにはどうすればいいかを示していると考えられます。

道諦に示された八正道とは何かといえば、仏教の修行の方法を説いたもので、八支聖《はっししょう》道《どう》ともいいます。それには八つの方法があり、修行実践です。

1　正見《しょうけん》　正しい見解を身につけること。四諦を理解すること。

2　正思《しょうし》　正しい考え。四諦に基づく正しい判断を持つ。

3　正語《しょうご》　妄語《もうご》、悪口《あっこう》、両舌《りょうぜつ》（二枚舌）、綺語《きご》（無駄口）を口にせず、正しい言葉を使う。

4　正業《しょうごう》　殺生、偸盗《ちゅうとう》、邪淫《じゃいん》などの悪業を犯さず、正しい善行を積むこと。正しい行為。

5　正命《しょうみょう》　生活を規則正しくし、身、口、意の三業を正しく保つ。

6　正精進《しょうしょうじん》　正しい努力をして、涅槃の境地を目ざすこと。

7　正念《しょうねん》　正精進を進め、心を正しく持つこと。正しい思念。

8　正定《しょうじょう》　禅定によって心を静め、精神の安定を保つこと。正しい瞑想。

この「四諦、八正道」の教えというのは、ブッダガヤで、釈尊が悟りを開かれた後、はじめて教えを説かれたものとされています。

梵天勧請《ぼんてんかんじょう》

明けの明星の光を見て悟りを開かれた釈尊は、しばらくその喜びにひたって、うっとりとされていました。

「自分が今体得した真理は難解で、相当修行をし、こういう問題について考え悩んだ予備知識のある者でないと、話したって解らないだろう。快楽だけを追い求めている世間の人々に説いて聞かせても無駄なことだ」

と思いました。仏伝では、そこへ梵天《ぼんてん》という神が現われて、釈尊に「あなたの悟りを、どうか迷える衆生たちに説いて救ってやって下さい」と、頼んだということになっています。梵天とは、インドでブラフマンと呼ばれる神で、ヒンズー教では、ヴィシュヌやシヴァとならんで代表的な神となっています。天照大神を男にしたような神と思えばいいでしょう。

そこで釈尊が考え直して、やはり、人を救うために法を説こうと決心するのです。これを梵天勧請《ぼんてんかんじょう》と呼んでいます。

これは悟りを開いた直後の釈尊自身の、心の迷いと葛藤《かっとう》ととっていいでしょう。長い修行と苦行の果てにやっと悟りを開いた釈尊は、自分だけの悟入の喜びにひたっていたかったのだと思います。

それを思い直し、やはり衆生を救おうと決意するところに、仏伝作者が梵天勧請の話を入れたのだと思います。釈尊は菩提樹の下から立ち上り、西の方ベナレスへ向います。

初転法輪《しょてんほうりん》

ブッダガヤから二百キロばかり離れたベナレスのサルナート（鹿野苑《ろくやおん》）で、釈尊は五人の修行僧に向ってはじめての説法をしました。五人の比丘は、釈尊と共に苦行をした仲間でしたが、釈尊が苦行を捨てたことを易きに走ったといって軽蔑していました。しかし現実にブッダとなった釈尊の威厳に打たれ、おとなしく説法を聞きました。この五人をサンガと呼びます。

最初に説いたこの説法を、初転法輪《しょてんほうりん》といいます。はじめて仏法の輪を廻したという意味です。

この初転法輪では、まず「中道《ちゅうどう》」を教え、二つの両極端を戒め、中道がいいと説いています。

「道の人よ、出家者が実践してはならない二つの極端説がある。その二つとは何であるか？　一つはもろもろの欲望において快楽にふけり、下劣、野卑にして凡愚の行いであり、高尚ならず、ためにならぬものであり、他はみずから苦しむことにふけり、苦しみであり、高尚ならず、ためにならぬものである。真人はこの両極端に近づかないで、中道を悟ったのである。それは眼を生じ、知識を生じ、平安、神通、正覚、安らぎ（ニルヴァーナ）に向かうものである」（中村元訳）

といっています。中道とは、単に真中ということではなく、道に中《あた》るということでもあり、道理に一致するということです。

中道を守るために八正道があると教えられました。

八正道の教えは、自己の達成のための修行道です。実践徳目です。これを守れば、不安や無知から解き放たれ、苦悩や迷妄から自由になれます。八正道は中道と同義語で、すなわち正しい法（ダルマ）といっていいでしょう。

世の中には四諦があることを説き、苦の原因である渇愛を滅しニルヴァーナに至る道があり、それが八正道であるとも説きます。

ここまでくれば、仏教とは人間の生き方を教えた非常に現実的な宗教だということが理解されます。

釈尊はあくまで人間で、人間が修行の結果、苦しみ悩んだ末に、覚《さと》れる者、仏陀になった人だから、われわれだって、釈尊の教えの通り八正道を忠実に守り通せば、仏陀になれるのだという可能性を示されているわけです。

人間いかに生きればいいのかということを、教えている宗教です。

『法華経』に、

「三界は安きことなし、猶《なお》火宅の如し。

衆苦充満して、甚だ畏怖《おそる》べし。

つねに生、老、病、死の憂患《うれい》あり。

是の如き業の火、熾然《しねん》として息《や》まず」

とあります。そしてその三界は皆、自分のものであり、衆生はみな自分の子だから、衆生の苦しみは、「唯だ我一人のみ、能《よ》く救護《くご》をなす」と説かれています。これは釈尊の限りなき慈悲を語ったところで、釈尊がどうしても悩み苦しむすべての衆生を救おうと決意した利他行を、志していることを示しているのです。

『心経』はくりかえし一切は空だとしつこいほど説きつづけます。「五蘊」もない、「十二因縁」もない、と説いてきて、ここに至って「四諦」もまた無いというのです。無苦集滅道とは四諦がないということです。

すべてが空なりと悟る般若の智慧も、一切が空ならば無いわけで、悟ったからといっても、一切が空ならそこから何もみかえりがあるわけがない。それが智もなく、得もなしということです。

無い無いづくしでは何のことやらさっぱりわからない。しかし、すべては因縁によっておこり、それを認識する心がなければ、あっても無いと同じだということを、私たちは『心経』のはじめに教えられています。

高神覚昇氏の『般若心経講義』では、ここで巡礼のスゲ笠に書く偈《げ》をひいています。

「迷うが故に三界の城《しろ》あり。悟《さと》るが故に十方《じっぽう》は空《くう》なり。本来東西《ほんらいとうざい》なし、何処《いずく》にか南北あらん」

「迷故三界城。悟故十方空。
本来無東西。何処有南北」

十方空とみれば、東西南北もない。すべては迷いの心から起るという教えです。智もなく得もないのは「無所得を以っての故に」とつづきます。無所得だから、智も得もない。無所得とは何か。損得の打算は、有所得の喜びしか考えません。けれども『心経』は、すべては空だから所得する物がないといいきるのです。

菩提薩埵《ぼだいさった》　依《え》般若波羅蜜多《はんにゃはらみった》故《こ》　心《しん》無罣礙《むけいげ》　無罣《むけい》礙《げ》故《こ》　無有恐怖《むうくふ》　遠離《おんり》一切《いっさい》顛倒《てんどう》夢想《むそう》　究竟《くきょう》涅槃《ねはん》

無罣礙《むけいげ》

菩提薩埵は、般若波羅蜜多に依《よ》るが故に、心に罣礙なし。罣礙なきが故に、恐怖有ることなし。一切の顛倒夢想を遠離して、涅槃を究竟する。

先に打算を超えた、損得のことばかりにとらわれない無所得のことにふれました。無所得といえば、何も持たないことです。所得ということばは、現代のわれわれにはすぐ所得税と結びついて考えられます。収入、即ち、所得があるから税がかかるわけです。所得のないものに税のかけようがありません。日本人は現在、何をするにも損得で動きます。損をしないよう、一銭でも得をするようにしか動きません。生きる目的のすべては如何に多くを損せず所得するかにあるようで、だからこそ世界からエコノミックアニマルなどとひんしゅくを買う人種になってしまいました。転んでも只では起きないという言葉が昔からありますが、今の日本人はまさにそうで、そのかわり、金になることなら、どんないやしいことでも恥しいことでも平気でやるという面が露骨に出てきました。物質の所得が増大し、経済大国といわれるようになった日本人の心は、反比例して貧しくなり、いまやからっぽになりました。物を得て心を喪失し、今更のようにあわてているのが日本の現状です。『心経』は一切の万物は皆空だと教えてきました。「五蘊」も「十二因縁」も「四諦」もない。それにとらわれると執着になるから、それもすべて否定してしまう。難しい言葉や解釈がわかったと思う智慧も結局はないので、そんな智慧を得たところで、何も得をしたわけではないといってきました。

さて、**菩提薩埵**《ぼだいさった》が出て来ましたが、菩薩のことです。菩薩はサンスクリットのボーディサットヴァの音訳です。菩提は悟りの世界、薩は衆生の世界です。悟りと衆生を共に持つとは、いいかえれば、理想の徳を持つ如来と、迷い多い凡夫の間に位置するのが菩薩ということです。一切衆生を救うために如来が人間に近い形をとり、下界に降りて来ている姿ともとれます。また人間はいくら修行しても如来にはなれないが、菩薩になるための菩薩行を一生懸命つとめれば菩薩にはなれると考えます。

菩薩行とは六波羅蜜で、布施、持戒、忍辱、精進、禅定、智慧だということは、もう幾度も話してきました。智慧は般若の智慧です。六波羅蜜を行ずることによって菩薩になると、心は極めて自由になります。**心無罣礙**のことです。罣という字は網《あみ》のこと、魚をとる網です。礙は障礙《しょうがい》の礙で、さわりです。罣礙は、さえぎる、さまたげるという意味になります。心にさまたげるものがないとは自由自在な心というわけです。こだわりの何もない心です。こだわりのない心は何物もこわがりません。怖いものなしです。

自由、自在といいますが、自由は自らに由り、自在は自由が自らに在るということです。大自在なのです。

恐怖《くふ》有ることなしとは、人間の恐怖にはさまざまありますが、四苦で代表させることが出来ましょう。生、老、病、死です。中でも死への恐怖は、人間にとって何物よりも大なるものです。

般若の智慧にめざめ、心にこだわりがなくなると、死への恐怖さえなくなるのです。

こだわりがなくなれば、自分のちゃちな面子《メンツ》にこだわることもありませんから、他人がどう自分を思っているかなどという怖れからも解放されます。あるがままの自分で、何も怖れるものがなくなるのです。不安、心配、脅え、恐怖などの一切がなくなるのが、「恐怖あることなし」です。

「施無畏《せむい》」という語を、私の仏教の師の今東光師は好んで染筆されました。浅草の観音さまにも玄岱《げんたい》の「施無畏」の額がかかげられています。無畏を施すとは、畏れをなくさせるということで、そうして下さる方、即ち仏さまのことです。ここでは観音さまをさします。

人間が幸福になるとは結局のところ、自由になることで、何物も怖れなくなることです。仏教は人間の幸福を、自由自在な心を得ることに求めます。いいかえれば悟りとは、この自在の心を体得することではないでしょうか。

顚《てん》倒《どう》

一切の顚倒夢想《てんどうむそう》を遠離《おんり》するとは難しそうですが、一つずつ解釈すれば何でもありません。一切はすべて、顚倒とはさかさまになること、ひっくりかえることです。お盆の原語のサンスクリットのウランバナは、訳すと「倒懸《とうけん》」で、倒《さか》さ吊《づ》りのことでした。盂蘭盆《うらぼん》はウランバナの音写です。
さかさに吊るされるのはとても苦しい刑罰です。さかさに見ること、倒見もまた苦痛です。ありもしないものをあると思いこむ、自分は死なないと思いこんだり、才能もないのに天才だと思いこんだり、好かれてもいないのに惚れられていると思ったり、世の中は倒見だらけです。倒見はまた夢想ということも出来ます。ありもしないものをあると思いこむことですから、夢の中の幻と同じことです。事実でないことを夢みるのは妄想と同じです。幻覚といってもいいでしょう。

遠離するとは遠ざかること。つきはなすと考えてもいいでしょう。現実ばなれしたさかさまの妄想をつきはなして遠ざかるということは、物事を正見するという八正道の第一のことばに通じます。物事を正確に見るということです。

「人生五十年夢幻のごとくなり」と、昔の人はいいましたが、この世は夢幻のようにはかないものだと、正確に見きわめることは正しい智慧であり、考え方です。
「莫妄想《まくもうぞう》」、「妄想するなかれ」という一喝を北条時宗に与えたのは、祖元禅師で、時宗はこれで悟ったといわれています。

究竟涅槃《くきょうねはん》

究竟《くきょう》とは「終極」「究極」「最終」という意味です。究竟涅槃といえば最後の最上の涅槃に達するということになるでしょう。涅槃を究竟すと読めば、涅槃を完成するという意味になります。最終最上の涅槃に入ると読んでも意味は同じことでしょう。

涅槃はサンスクリットのニルヴァーナ（Nirvāna）の音訳です。燃える炎の消えた状態、あるいは風が吹き止んだ静かな状態をいいます。漢訳では「静寂」「寂滅」などとも訳されます。私たちの煩悩の迷いの火を吹き消した平安寂静の世界が涅槃です。

涅槃に入るということは、一般の人々が考えているように「死ぬ」ことではないのです。釈尊のなくなった時の絵図があり、そのまわりで、弟子や衆生や鳥獣まで泣き悲しんでいる様が描かれ、それを寺では涅槃図として、人々に拝ませています。そんなことから、すぐ涅槃イコール死と考えがちですが、永遠の平安に入るという意味から、死に結びつけたもので、釈尊の死についてはその死も涅槃と結びつけますが、一般の人の死を涅槃とはいいません。

永遠の平安とは、むしろ永遠の生命を得るということです。

お経の中に無常偈《むじょうげ》というのがあります。宗派によっては死者を墓所に送る時、この偈を書いた四本の幡《ばん》を人々がささげ持って行くことがあります。

諸行無常《しょぎょうむじょう》　是生滅法《ぜしょうめっぽう》
生滅滅已《しょうめつめっち》　寂滅為楽《じゃくめついらく》

の四つの言葉です。

諸行無常は、この世の一切のものは一点に止まることなく、常に移り変っていくということです。

是生滅法は、生じたものは必ず滅ぶという考え方、これがこの世の法則であるということです。

生滅滅已は、生死にとらわれている自分の心を滅せということです。

寂滅為楽は、そうすれば、涅槃寂静の境地に至り、永遠の生命は得られるのだということです。これは死を悲しむのではなく、人間の生きていく心の持ち方を教えたもので、釈尊の教えの根本を示しています。人の死に際して、死者にも、死者を送る者にも、改めて人間の生き方を教えるという意味があります。死ぬことを往生するといいますが、往きて生れるということで、あの世に往って生れ変ることで、魂は永遠だという思想です。無《む》量寿《りょうじゅ》という言葉もそれを示しています。

この一段では、六波羅蜜の行をつみ、般若の智慧を体得出来たならば、すべての不安や畏れから解放されて、心に何のわだかまりもなくなり、自由自在の人となり、一切の迷いを打ち破って、真の悟りの境地に達することが出来ると説いてあるのです。

三世諸仏《さんぜしょぶつ》　依般若波羅蜜多故《えはんにゃはらみったこ》　得阿耨多羅三藐三菩提《とくあのくたらさんみゃくさんぼだい》

三世諸仏《さんぜしょぶつ》

三世諸仏も般若波羅蜜多に依るが故に、阿耨多羅三藐三菩提を得たまえり。

三世諸仏の三世とは、過去、現在、未来のことをいいます。限りない過去から、果てしない未来に向う永遠なる時間ということです。無限の時間です。

三世十方《さんぜじっぽう》という言葉があります。十方とは、東西南北の四方に、東南、東北、西南、西北の四隅《すみ》と、上と下の二方を合わせたもので、無限の空間をさしています。三世十方は、永遠の時間と無限の空間ということです。

仏教ではここに、無数の仏がいますと考えるのです。キリスト教は一神論の上になりたつ宗教ですから、神はひとつです。仏教は、汎神論《はんしんろん》になりたっていますから、無数の仏を想定します。

いつ、どこにいっても、あらゆる場所に、無数の仏さまがいらっしゃると考えるのです。私たち衆生のいるところには必ず仏さまはいて下さるという考え方です。

仏教では「一切衆生悉有仏性《いっさいしゅじょうしつうぶっしょう》」という考え方をします。すべての人々は、ことごとく仏性を具えている。従って人々は菩薩行を修行しさえすれば、すべての人がみな菩薩、即ち仏になれるという考えです。

お釈迦さまも私たちと同じ人間で、修行して覚《さと》られたからこそブッダ、仏陀になられたというわけです。ですから人間の数だけ、仏もあっていいわけです。「衆生本来仏なり《しゅじょうほんらいほとけ》」という言葉もこれをさしています。

私が得度した後、六十日間、比叡山横川《よかわ》の行院《ぎょういん》に入って修行した時のことです。丁度半分行が終った時「三千仏礼拝《さんぜんぶつらいはい》」という一番厳しい、苦しい行がありました。

これは三世の諸仏の名号を称えながら、一日に三千回、五体投地礼《ごたいとうちらい》をするのです。五体とはからだです。五体を地に投げうって礼をするということですが、方法は、額と両肘と両膝を地にすりつけてお辞儀をするのです。

正座した形で上体を前方に倒し、両手を折り曲げて地に投げだすのです。この場合、掌は仏さまの足をいただいている心で上に向けて置きます。立つ時は両掌は汚してならないので、下についたりせず両脇につけて立ちます。これを三千回つづけるのです。

三世の三千仏の名号は、ちゃんと台帳に乗っていて、前の晩、先生から口移しにそれを教えてもらいます。もちろん一遍くらい聞いたって、覚えられるものではありません。

過去仏千仏、現在仏千仏、未来仏千仏と数えるわけで、幾度もいったように、仏教の三という数字は無限をいいあらわしています。一応三千の仏の御名を想定してありますが、それはまだまだ無限にあると考えているのです。

私はその時生意気にも、過去仏、現在仏は理解できるけれど、未来に出る仏なんて、出るかどうかわからない、ほんとにあるのでしょうかと質問して、「問答無用」とこっぴどく叱られました。

この行は苦しくて、二カ月の苦行の中でも最も苦しかったので、三千仏と聞いただけで、今でもぞっとします。

そうして至心に礼拝すれば、仏が見えてくるというのです。終ったとたん腰が抜けましたが、残念ながら私には仏は見えませんでした。

依《え》般若波羅蜜多《はんにゃはらみった》故《こ》

「三世の諸仏も、般若波羅蜜多に依るが故に」というのは、般若の智慧を体得してこそ覚《さと》れるもの、ブッダが生れるのですから、三世の諸仏も般若の智慧によって仏になれるのだということです。

般若の智慧とは正しい仏の智慧で、それは前にもいったように、何物にもとらわれない執着のない無所得の自在な心のことです。空の智慧です。

ここで『心経』の最初にあった「観自在菩薩、深般若波羅蜜多を行ずる時、五蘊は皆空なりと照見して、一切の苦厄を度したまう」という章を思い出して下さい。観音さまも、般若の智慧を磨いて、一切は空なりということを体得された後にこそ、衆生のあらゆる悩み苦しみを救われたというのです。智慧を得てから慈悲を施されるということです。

阿耨多羅《あのくたら》三藐三《さんみゃくさん》菩提《ぼだい》

阿耨多羅三藐三菩提も、サンスクリットに漢字をあてたもので、アヌッタラー、サミヤク、サンボーディがサンスクリットです。

阿耨多羅《アヌッタラー》は無上、最高という意味。三藐《サミヤク》は正しいということ。三菩提《サンボーディ》は、すべての智慧の集り。遍《あまね》く等しく覚るという意味で、正覚とか等覚とか訳されます。菩提は覚りの世界。仏の覚りは限りなくすぐれて尊い正しい普遍のものであるということで、無上正等《しょうとう》覚《がく》とか無上正遍知《しょうへんち》とかいわれています。この上なく真実な尊き覚りといえばいいでしょう。

日本天台宗の開祖伝教大師最澄は、比叡山で、

阿耨多羅三藐三菩提《あのくたらさまくさぼじ》の仏《ほとけ》たち
　わが立つ杣《そま》に冥加《めか》あらせたまえ

と詠まれました。気宇壮大なこの歌の中に、若き日の最澄の烈々たる求道の情熱と信念がうかがわれ、ただこの歌を口にするだけでも、晴々とした気分が心にみなぎってくるから不思議です。

私は岩手県浄法寺町の天台寺に、五月五日、住職として晋山《しんざん》した時、思わず、

あのくたら春らんまんに晋山す

という句が口をついて出ました。東北の五月は花ざかりで、まさに春らんまんだったのです。

過去、現在、未来にわたるすべての人々は、正しい智慧の完成につとめた上で、無上最

高の覚りの境地に達し、仏となるということを、弘法大師は『般若心経秘鍵《ひけん》』の中に「行人得益分《ぎょうにんとくやくぶん》」と呼んでいられます。『心経』を信仰し、六波羅蜜を修行すれば、『心経』の功徳が得られ、悟りに達するということが、得益分なのでしょう。時間も空間ものりこえて、すべての人間は、正しい悟りを得ることが出来、仏になれるという約束を示してあるのです。『心経』の中で最も力強い章で、大切な章であるといえましょう。

般若波羅蜜《はんにゃはらみつ》

『心経』の中にはくりかえし般若波羅蜜という語が出てきます。

もう幾度も出てきたので説明しませんが、波羅蜜は六波羅蜜です。その中で般若波羅蜜は智慧波羅蜜ということですが、他の五波羅蜜の布施、持戒、忍辱、精進、禅定のすべてに、智慧波羅蜜は流れているといえましょう。すべての修行は、正しい智慧によって行わなければ、まちがいの元となります。

信心は正しい智慧に支えられてこそ本物で、欲や他人の心の痛みを利用した邪《よこし》まな邪教や迷信は、それをつくる人も、それを信ずる人も、般若の智慧の目が曇っていることを証明します。

『般若心経秘鍵』には、

「文殊の利剣は諸戯《しょけ》を絶つ、覚母《かくぼ》の梵文は調御《ちょうご》の師なり」

と詠まれています。文殊菩薩は般若経群といわれる多くの般若経典の主尊、総主部とされています。智慧の菩薩が文殊菩薩です。

覚母は覚りの母というのですから般若菩薩、仏母般若とも、覚母ともいうのです。ですから般若波羅蜜は三世の諸菩薩の生みの母ともいえます。

覚母の梵文とは、『般若心経』のことになります。

調御は、如来十号の一つで、調御丈夫とか調御師とかいいます。馬を調教する調教師のように、如来は、われわれ凡夫を調教し、導いてくれるから調御師とも呼ぶのです。『心経』の般若波羅蜜こそ、三世諸仏の生母、仏母であるから、『心経』は調御師のさらに師に当るという意味でしょう。般若波羅蜜女菩薩とも呼ばれるのも、この母性的なものをあらわしています。

般若波羅蜜女菩薩を、弘法大師は両界曼荼羅《りょうかいまんだら》の中の胎蔵部《たいぞうぶ》の持明院《じみょういん》の中央に、女性の上衣をつけた三眼六臂像《さんがんろっぴ》として描いています。三つの眼の中央に縦に見開かれたのが智眼をあらわし、下の横についた二つの眼は、慈悲と智慧の徳をあらわしているといわれています。六臂は六つの腕のことで六波羅蜜をあらわしています。

この章で、いかに『心経』が正しい智慧を大切に扱っているかがわかります。六波羅蜜の五つの行も、究極の六つめの行の智慧の覚りに行きつくための行だということがわかります。

故《こ》知《ち》般《はん》若《にゃ》波《は》羅《ら》蜜《みっ》多《た》　是《ぜ》大《だい》神《じん》呪《しゅ》　是《ぜ》大《だい》明《みょう》呪《しゅ》
是《ぜ》無《む》上《じょう》呪《しゅ》　是《ぜ》無《む》等《とう》等《どう》呪《しゅ》　能《のう》除《じょ》一《いっ》切《さい》苦《く》　真《しん》実《じつ》不《ふ》虚《こ》

マントラ

故に知る般若波羅蜜多は、是れ大神呪なり。是れ大明呪なり。是れ無上呪なり。是れ無等等呪なり。能《よ》く一切の苦を除く。真実にして虚《むな》しからず。

それ故に人は知るべきだというのです。故に知るは、漢文では故に知れとも読めますから、知るべし、承知しなさいと読めます。

何を知らねばならないのか。これまでの章で、『般若心経』の主な講義、説明は終ったのです。ここからは今までの総まとめに入ります。オーケストラでいえば、最終楽章の盛り上った高揚しきったところです。

この『般若心経』こそは、これ大神呪であるといいます。ここに呪という字がくりかえし出てきます。私たちは普通、この字を見ると、おまじないを連想します。またのろいを思いだします。真夜中の丑三つ時に、人形に呪いの釘を打ちつけて呪詛するなどという時ののろいです。ところが、『般若心経』でいう呪は、全くそんな無気味なものではありません。

呪とはサンスクリットでマントラ。マハー・マントラともいいますが、マントラとは真《しん》言《ごん》のことです。神呪《じんしゅ》ともいいます。真言とは如来の真実の言葉と思っていいでしょう。如来は嘘をつきません。真言はまた如来の験力を発して、災難を除くものです。

マントラ（mantra）のマン（man）は「考える」、トラ（tra）はその道具だそうです。苦痛や災難を除いてくれる験力のあることばと思えばよくわかりましょう。私の子供の頃、ころんで膝をすりむいたりすると、母がそこをなでて、「チチンプイプイ、ほら、もう治った」などといったものです。すると、ほんとに痛みがとれたような気がしました。チチンプイプイが痛みを治すおまじないだと思っていました。一番頼りにしている母が、さわって撫でてくれるだけでも、子供の苦痛は薄らぎます。そこへ験があると信じておまじないをとなえれば単純な子供は、治った気がしたものです。

呪はまた陀羅尼《だらに》ともいわれます。何にでも効くという「陀羅尼助《だらにすけ》」という漢方薬がありますが、あの名もここから出ています。

陀羅尼はサンスクリットのダラーニー（dhārani）というのに漢字を当てたものです。ダラーニーは持つということ、総持《そうじ》という意味です。

仏教のおこる前の古代のインドでもしきりに陀羅尼、マントラが用いられました。昔かられは訳してはならないとされていました。弘法大師は『秘鍵《ひけん》』の中で、

「真言は不思議なり。観誦すれば無明を除く。一字に千理を含み、即身に如法を証す」

といっています。呪、マントラには不思議な力があって、これを称えたら、心の闇の無明を除き、一字に千の正しい理法を含んでいて、口にすればたちまち、身体にその御利益があらわれるということでしょう。とにかく有難い仏の言葉と解釈すればいいと思います。

仏教には密教《みっきょう》と顕教《けんぎょう》というのがあって、密教は三密《さんみつ》の加持《かじ》というのがあります。三密とは、身《しん》、口《く》、意《い》の三つです。手で印《いん》を結ぶのが身密、口に真言《マントラ》を称えるのが口密、心に大日如来を想念するのが意密で、この三密を同時に行ずることによって仏の世界に入っていけると信じます。凡夫も三密加持によって仏になることが出来る、そのまま即身成仏が

出来ると信じます。

密教は大日如来を根本仏とします。大日如来は法身仏《ほっしん》です。仏には応身《おうじん》、報身《ほうしん》、法身《ほっしん》の三身があり、応身仏は衆生に応じて現われ、報身仏は修行の結果仏となったもので、法そのものを表わしたのが法身仏とされています。

釈迦は応身仏で、釈迦が説かれたのは顕教です。顕教は六波羅蜜の実践を説いたので、「波羅蜜乗」とも呼ばれています。それに対し密教は「金剛乗」または「真言乗」といいます。

密教以外の仏教をすべて顕教といいます。

顕教は三密加持《さんみつかじ》を修しないで、六波羅蜜を修します。また、顕教は陀羅尼や真言を重視しません。顕教は経典の文字や言語で伝達しますが、密教は文字、言語の伝達を認めません。

密教は弘法大師が中国から伝えて日本真言宗をたて、開祖となりました。天台宗は最澄が中国から伝えて日本天台宗を開きましたが、天台宗では顕教と密教の両法を伝えます。真言宗の密教は東寺でおこったので東密《とうみつ》、天台宗の密教は台密《たいみつ》と呼ばれています。

さて、『般若心経』ですが、このお経は今までの章で説かれているのは六波羅蜜の実践をせよということでした。その点では顕教の教えです。ところが、この終章から、突然、真言があらわれて、真言で仏をたたえるのですから、密教的になってきます。『般若心経』が顕教の寺でも密教の寺でも用いられるのはこのためでしょう。

『法華経』では三開顕一《さんかいけんいつ》、三を開いて一を顕《あらわ》すといいます。三とは、声聞《しょうもん》・縁覚《えんがく》・菩薩《ぼさつ》で、この三つの上に唯一無二の仏の世界があると教えます。三つを乗りものにたとえ、三乗という場合はその上に一つの乗りものがあり、それを一仏乗《いちぶつじょう》といって最高の絶対の仏と考えます。

ただ一乗の法だけあって、二もなく三もないというのが『法華経』の思想です。

大神呪は、声聞のとなえる呪文です。

大明呪は、縁覚のとなえる呪文です。

弘法大師は大乗の中でもここまでを顕教の真言だといっています。

無上呪は、菩薩のとなえる呪文です。

無等等呪は、くらべるもののない、最上の呪文です。秘蔵即ち密教の真言に当ると弘法大師は説いています。

声聞は、人の話を聞いて、ああそうかと早合点して悟ってしまうもの。

縁覚は、正式に師導につかず、勝手に自己流で悟ったと思っているもの。

菩薩は、修行してやがて仏になろうとしているもの。もうひとつの意味は、仏が人間を救うため、人間の世界にあらわれたものです。

『般若心経』は、声聞にも縁覚にも、大乗の菩薩たちにも通用する陀羅尼で、最後に最高の仏をとなえる呪文だということです。ここで、「是大神呪、是大明呪、是無上呪、是無等等呪」と、畳みかけるように追いかけてとなえる時、その言葉自体のひびきが相乗作用して、となえる側の気分も昂揚してきます。私は『般若心経』をあげながら木魚を叩いている時、いつでもここへ来ると、自然に手に力が入って、木魚の音が一きわ高く力強くなっているのを覚えます。

禅宗では不立文字《ふりゅうもんじ》といい、経典はあまり読まないのですが、大悲心陀羅尼というのをよくあげています。

能除一切苦《のうじょいっさいく》　真実不虚《しんじつふこ》

恵果和尚の教えを弘法大師が筆記したといわれている「秘蔵記」には、

「1　陀羅尼を総持と名《なづ》くる一字の中に一切の法文を会蔵す。

2　陀羅尼とは仏光《ほとけひかり》を放つ、その中に説く所なり。この故に陀羅尼と明とその義異らず。呪とは仏法未だ漢地に来らざる前に世間呪禁の法あり。能く神験を発して災患を除く。今この陀羅尼を持する人も能く神通を発し災患を除くこと呪禁の法と相似せり。是の故に呪という。密語とは凡夫二乗は知ることあたわざるが故に密語という。真言とは如来の言は真実にして虚亡無し故に真言という」

とあります。これによると、弘法大師は、呪は釈迦仏教以前のヴェーダ時代からあったとしています。釈尊は弟子たちに呪の乱用はいましめたといわれます。しかし、護身用の呪は黙認して、釈尊自身は神秘的体験をたびたび味わっていたと見られます。

能く一切の苦を除くとは、この真言をとなえることによって真言の験力があらわれ、災厄や疾患を除かれるということで、陀羅尼の働き、作用、効用を表わしています。

真実不虚というのは、陀羅尼の本体を意味し、これこそ真実であって、一点の嘘もないものだということで、だからこそ、陀羅尼を心に称えることによって、自分と真言が一つにとけあい、自分が真実そのものになって、一切の苦から解放されるというのでしょう。

これまで『心経』で説いてきたものは、顕教の六波羅蜜であったのに、なぜこの最後に来て突然、呪、即ち真言が出てくるのか。真言は密教の世界ですから、ここのところが実に不思議です。次に来るしめくくりは、更にまた讃嘆の真言で結ばれるのですから、これをどう解釈するかで、『般若心経』のとらえ方が変わってきます。

故説《こせつ》般若《はんにゃ》波羅《はら》蜜多《みった》呪《しゅ》　即説《そくせつ》呪《しゅ》曰《わつ》　掲諦《ぎゃてい》掲諦《ぎゃてい》　波羅《はら》掲諦《ぎゃてい》　波羅《はら》僧《そう》掲諦《ぎゃてい》　菩提《ぼじ》薩婆訶《そわか》　般若《はんにゃ》心経《しんぎょう》

呪

故に般若波羅蜜多の呪を説く、即ち呪を説いて曰《いわ》く、

掲諦掲諦　波羅掲諦　波羅僧掲諦　菩提薩婆訶。

いよいよ『心経』の最後の章に入りました。もうこの前の章から、終章《フィナーレ》に入っていましたが、この章は前章で次第に盛りあげてきた呪の力強さを受けて、よりいっそう終章の力強さを、轟かせ響かせようというわけです。

前章でいったのは、般若波羅蜜多は一切の人間の苦を除く力を持つ、真言《マントラ》だということでした。真言即ち陀羅尼《だらに》を誦えさえすれば、真言の験力があらわれて、苦厄の一切が除かれるというのです。そんな御利益のある真言なら、早く教えてほしいと思います。

この最後のところは、昔から秘蔵真言分《ひぞうしんごんぶん》といって尊重され、わざと訳さないで、原語のまま読誦《どくじゅ》しています。このぎゃてい、ぎゃていの部分は、『心経』の最も大切なところだから、大切に秘蔵して、神秘的に扱い、みだりに訳さないというわけでしょう。訳せば験を失うと信じるむきもあったようです。

呪は諸仏の秘密の言語で、仏だけが御存じで、他の人間は知らないのがいいとされていました。

原語は、

「ガテー　ガテー　パーラガテー　パーラサンガテー　ボーディー　スヴァーハー」

です。このあたりは弘法大師の『般若心経秘鍵』の説明が、私には一番わかり易く納得出来たので、それに従って説いてみます。『秘鍵』では、掲諦に羯諦の字を使っています。この節を秘蔵真言分として、

「初めのギャテイは、声聞《しょうもん》の修行の成果をあらわし、二番のギャテイは縁覚《えんがく》の修行の成果を示し、三番めのハラギャテイは、さまざまな大乗の最も優れた修行の成果を指し、四番めのハラソウギャテイは、真言曼陀羅の教えの具足輪円《ぐそくりんえん》の修行の成果を明らかにしたもので、五番めのボウジソワカは、今まで説いてきたさまざまな教えの究極的な悟りに入る

意味を説いています。それぞれの真言の意味はこういうわけです。

もし真言の字の形にふくまれた意味などにそって解釈していくと、もっともっと、計りしれない深い意味が出てきて、とても、どんな長い時間をかけたところで、説きあかすことはできないでしょう。それでももっと疑問をはらしたいという人がいるなら、真言密教の修法を自分で行って、更に研究したらいいでしょう」

こう説いてきた弘法大師は詩を作り、讃嘆しています。その詩は訳すのが惜しいほど美しいので、そのままのせてみましょう。

真言は不思議なり
観誦《かんじゅ》すれば無明《むみょう》を除く
一字に千理を含み
即身に如法を証す
行行として円寂に至り
去去《ここ》として原初に入る
三界は客舎の如し
一心はこれ本居《ほんこ》なり

行行として円寂に至りというのは、ギャテイ、ギャテイと往き往きて悟りの境地に行き着くということでしょう。この訳者の松本照敬氏は、ここの円寂を小乗の悟りとし、去去として原初に入るの原初が、大乗仏教の悟りの根源に入ると訳されています。

この世は旅の仮り寝の宿のようなもので、私たちの持つ一つの心だけが、人間の本来のよりどころであるということです。

釈尊が死期をさとった時、アーナンダに、

「汝らは自らを灯明とし、自らをよりどころとせよ。他人をよりどころとせず、法をよりどころとせよ」

と説かれたことを思い出します。

自灯明、法灯明といわれている教えです。釈尊の開いた仏教とは、自分と仏法をよりどころとして、人間形成をしながら生きていく理想の人格に、自分をきたえ高めていく教えなのです。

顕教と密教

弘法大師は問答形式で文を綴るのが得意でした。ここでも、最後にそれを用います。質問者が問います。

「陀羅尼は、仏の秘密の言葉です。だから鳩摩羅什《くまらじゅう》や玄奘《げんじょう》のようなあらゆる仏典に通じた学僧も、みな陀羅尼については口を閉じ筆を絶って言及しなかったのに、今あなたが陀羅尼の解釈をしてしまった。これは仏の聖いみ心に背くことでしょう」

それに大師が答えます。

「如来の説法に二種類ある。一つは顕教《けんぎょう》、他は密教です。顕教によってさとる者には多くの言葉を用いて説法し、密教によってさとる機根の者には、陀羅尼を説くのです。それだから、如来はみずから阿字《あ》、唵字《おん》（梵字）などのさまざまの意味を説かれました。これはつまり、密教によってさとる者のために説いたのです。先人の、龍猛《りゅうもう》や善無畏《ぜんむい》、不空《ふくう》などもまた、こうした意味を説いています。仏が相手によって説法したり、沈黙したりするのは、すべて、教えを受ける者の機根にかかっています。陀羅尼を説くのも、それについて黙って説かないのも、両方とも仏の意に適っているのです」

「顕教と密教の二つは、その内容がはるかにかけ離れています。それなのにあなたは般若心経という顕教の中で、密教の陀羅尼を説かれた。それは出来ないことです」

「医者が見れば、普通の人の目には雑草としか見えない道の草も、みな薬草に見えます。

宝石のわかる人には汚い原石を見ても、それが磨けば宝石だとわかります。同じく顕教と思われる経の中に、密教の教えを読みとれる者がいたり、わからない者がいても、誰の罪でしょうか。誰の罪でもないのです。

またこの般若菩薩の真言や、真言密教の一切の儀式、法規や、観想の方法については、仏が『金剛頂』の中に説かれています。これも秘密の教えです。

衆生を救うためこの世にあらわれ給うた釈迦は、給孤園《きっこえん》にいられた時、菩薩や天人のために、画像、壇法、真言、手印等について説かれました。これも密教で、『陀羅尼集経』の第三の巻がこれです。

顕密の相違は、受けとる側の人にあるので、経文を読む声や文字を識っていることによって差があるのではないのです。けれどもやはり、顕教の中の密教、密教の中の極秘の教えといったように、浅い教えや深い教えが幾重にも重なりあっているのです」

以上が弘法大師の『秘鍵』の最後の章です。なぜ私がここをながなが説明したかといえば、私は、ここまで顕教として説かれている『般若心経』の中に、なぜいきなり陀羅尼がとびだしてきて、それで全文が結ばれているのか不思議でならなかったからです。

ガテー　ガテー　パーラガテー　パーラサンガテー　ボーディー　スヴァーハー

についていろいろな訳をあげてみましょう。

賢首《けんしゅ》大師は、
度、度、彼岸度、彼岸普度、覚。

中村元氏は、

「この真言は文法的には正規のサンスクリットではない。俗語的用法であって種々に訳し得るが、決定的な訳出は困難である。（略）スーヴァーハーは願いの成就を祈って、呪の最後に唱える秘語である」として、

「往ける者よ、往ける者よ、彼岸に全く往ける者よ、さとりよ、幸あり」

と訳されている。

渡辺照宏氏は、

「到れり、到れり、彼岸に到れり、彼岸に到着せり、悟りに、めでたし」

高神覚昇氏は、

「自分も悟りの彼岸に行った。人もまた悟りの彼岸へ行かしめた。普《あまね》く一切の人々をみな行かしめ終った。かくてわが覚の道は成就された」

と訳され、自ら覚り、他を覚らしめ、覚の行が完成したということで仏道の完成を意味

すると説かれています。

平田精耕氏は、掲諦、掲諦は「いけ、いけ」とした方がこの字が生きておもしろいといわれ、いけいけ彼の岸へいけ、ということは、本来の自己に目覚めよということだと訳されています。

巽直道氏は、『般若心経』は人々の不成願《ふじょうがん》を達成させるための経典で、誰もが望む現世利益の、示教利喜《じきょうりき》、即ち、教を示して、導き、現世利益を授けて随喜の涙をながさせるお経だと説いています。

私は、「往け、往け、彼の岸へ。いざともに渡らん、幸いなるかな」と訳します。

本書は一九八八年一〇月に中央公論社より刊行された
『寂聴　般若心経』の新装・改版です。

装幀◎藤田知子
装画◎波多野 光
本文写真◎勝山泰佑

瀬戸内寂聴

1922年、徳島県生まれ。東京女子大学卒業。63年「夏の終り」で女流文学賞受賞。73年、中尊寺にて得度。92年『花に問え』で谷崎潤一郎賞、96年『白道』で芸術選奨文部大臣賞、2001年『場所』で野間文芸賞、11年『風景』で泉鏡花文学賞を受賞。06年に文化勲章受章。他の著書に『美は乱調にあり』『現代語訳源氏物語』『秘花』『奇縁まんだら』など多数。近著に『笑って生ききる』など。2021年11月9日永眠。

新装版《しんそうばん》 寂聴《じゃくちょう》 般若心経《はんにゃしんぎょう》
——生《い》きるとは

二〇二一年一一月一〇日　初版発行
二〇二一年一一月三〇日　再版発行

著　者　瀬戸内寂聴《せとうちじゃくちょう》
発行者　松田陽三
発行所　中央公論新社
〒一〇〇-八一五二
東京都千代田区大手町一-七-一
電話　販売　〇三-五二九九-一七三〇
　　　編集　〇三-五二九九-一七四〇
URL http://www.chuko.co.jp/

DTP　ハンズ・ミケ
印　刷　大日本印刷
製　本　小泉製本

Published by CHUOKORON-SHINSHA, INC.
Printed in Japan　ISBN978-4-12-005376-4 C0015
定価はカバーに表示してあります。落丁本・乱丁本はお手数ですが小社販売部宛お送り下さい。送料小社負担にてお取り替えいたします。